广西师范大学海上丝绸之路研究丛书

智库成果系列

台湾青年赴大陆就业创业的意愿及促进策略

基于对台湾8所大学1627名大学生的问卷调查

刘澈元　张晋山　何红玲／著

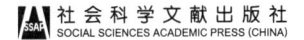

社会科学文献出版社
SOCIAL SCIENCES ACADEMIC PRESS (CHINA)

广西师范大学海上丝绸之路研究丛书——智库成果系列
编 委 会

总　　编：林春逸（广西师范大学）

副总编：徐　毅（广西师范大学）

学术委员会（按姓氏笔画排序）：

　　　　　　吴士存（中国南海研究院）

　　　　　　陈争平（清华大学）

　　　　　　孙杰远（广西师范大学）

　　　　　　贺圣达（云南省社会科学院）

　　　　　　马德斌（英国伦敦政治经济学院）

　　　　　　巴斯·范鲁文（荷兰皇家科学院国际社会史研究所）

目 录
Contents

一 引言 / 001

二 调研实施与样本情况 / 003

三 台湾青年赴大陆交流、就业、创业、生活等意愿描述性统计 / 005

（一）台湾青年赴大陆交流意愿 / 005

（二）台湾青年赴大陆就业意愿 / 007

（三）台湾青年赴大陆创业意愿 / 010

（四）台湾青年赴大陆生活意愿 / 013

四 台湾青年赴大陆就业创业的差异性政策诉求及其解释 / 015

（一）台湾青年对大陆抱持"过客"心理和"自尊"需求，在大陆长期发展意愿不足 / 017

（二）台湾青年对大陆的政治认同从深层上制约其对大陆相关政策的认同 / 017

（三）两岸居住环境与社会保障制度存在客观差异 / 018

五 台湾青年赴大陆就业创业的总体特征 / 020

（一）赴大陆就业创业认知总体上呈现理性状态 / 020

（二）以专业判断定位自身发展目标 / 021

（三）交流促进效应已在台湾青年赴大陆就业创业意愿中得到体现 / 021

（四）台湾青年赴大陆就业创业选择反映岛内区域差异 / 022

（五）台湾青年在大陆长期发展的意愿不足 / 022

六 台湾青年赴大陆就业创业意愿的影响因素 / 023

（一）从客观层面来看，驱动台湾青年赴大陆就业创业有以下几方面因素 / 023

（二）从主观层面来看，驱动台湾青年赴大陆就业创业有以下几方面因素 / 026

七 信息渠道对台湾青年"大陆认知"的影响及其应对策略 / 030

（一）台湾青年认知大陆的信息渠道 / 031

（二）信息渠道现状对台湾青年"大陆认知"的影响 / 032

八 2015年与2016年调查数据指标的比较 / 036

（一）样本基本信息比较 / 036

（二）两期调研之台湾青年赴大陆交流、就业、
　　　创业、定居整体意愿比较 / 037

（三）两期调研之台湾青年赴大陆交流意愿主要
　　　指标比较 / 038

（四）两期调研之台湾青年赴大陆就业意愿主要
　　　指标比较 / 040

（五）两期调研之台湾青年赴大陆创业意愿主要
　　　指标比较 / 044

（六）两期调研之台湾青年在大陆生活意愿主要
　　　指标比较 / 049

九　民进党上台后台湾青年赴大陆就业创业
　　的意愿及变化特征 / 052

（一）民进党上台后台湾青年赴大陆就业创业意愿
　　　的变化特征 / 052

（二）民进党执政条件下台湾青年赴大陆就业
　　　创业的主要关注面向变化特征 / 054

十　中国大陆吸引台湾青年就业创业的主要
　　政策措施现状与评析 / 058

（一）大陆各省、市现行支持台湾青年到大陆就业、
　　　创业的政策及其特点分析 / 058

（二）当前支持台湾青年到大陆就业创业政策存在的
　　　主要问题 / 060

十一 政策启示与政策建议 / 062

（一）政策启示 / 062

（二）政策建议 / 064

结　语 / 071

附录　台湾青年赴大陆就业创业意愿调查问卷（2016） / 073

一 引言

2015年习近平总书记在两岸领导人会面时明确表示,"两岸关系和平发展的根基在基层、希望在青年","要为两岸青年学习、就业、创业、交流提供更多的机遇、创造更好的条件"。构建"两岸命运共同体",消解两岸关系和平发展的消极成分和不利要素,一直是大陆方面"寄希望于台湾人民"和"做台湾人民工作"的重要依托,也将成为两岸关系出现重要节点之后党和政府对台政策的重要取向。

从2014年3月"太阳花"学运以来台湾青年学生参与社会运动态势及其在2016年台湾地区领导人选举中的政党偏好看,"台湾命运共同体"建构主体的世代交替已渐趋完成,被称为"天然独"的岛内年轻人群已俨然成为"台湾命运共同体"建构的主体。从现象层面去考察,台湾青年近年来在一系列社会运动中对两岸关系和台湾内政的关注面向主要集中在渴望对和平红利有感,消除对大陆崛起的恐惧,解决对就业住房与薪资的担忧等若干内容。至于反"黑箱"服贸、反"黑箱"课纲等则是部分政治势力以青年为掩体达到其政治目的的舆论霸凌。如果从历史纵深去考察的话,其原因和动机复杂而多元,其中包括岛内政经社会变化、全球化运动退潮、两岸关系和平发展进程波动、台湾年轻人被边缘化后的不满宣泄以及岛内社会"恐中"心理与"反中"情绪等多重面向。基于台湾青年政治社会律动对两岸关系当前乃至未来发展的指标性意义,解决台湾青年所处的集体困境,根本的路径是在实现中华民族伟大复兴的历史进程当中，从"价值、文化、制度和社会"等维度培养两岸青年的"共同认知"，使他们在参与中国大陆改革发展，分享两岸和平与合作红利中理性认识两岸关系，从而成为"两岸命运共同体"构建的理性主体。

由于两岸关系的特殊性，一切旨在解决台湾青年两岸认知和国家认同的政策措施，其实施主体、实施过程如果仅存留于台湾岛内，在岛内蓝绿恶斗的政治生态下无异于缘木求鱼。因此，转换思维，将问题的解决轨道转换到两岸场域，或者以大陆作为问题论述与解决的场域，才是现实和有效的，台湾青年赴大陆就业创业就是解决这一问题的有效途径。基于台湾青年在两岸关系发展中独特而重要的作用，中国大陆在构建"三中一青"对台政策框架的同时，将吸引台湾青年赴大陆就业创业作为"做台湾青年工作"的重中之重。在此政策定位下，大陆各级政府相继出台了一系列优惠政策，积极为台湾青年赴大陆就业创业提供帮助和支持，包括开展事业单位就业试点、开放职业资格考试、提供住房和失业保险、税收优惠补贴、设立海峡两岸青年创业基地以及参与创业培训等措施。上述政策的效应一方面取决于大陆推行方式与政策环境的协同程度；另一方面则建基于其与台湾青年赴大陆就业创业的政策诉求吻合程度。因此，科学掌握台湾青年赴大陆就业创业的意愿和诉求，可为大陆制定相关政策提供有效参考和依据。

在此认识主导下，通过科学的方式深入了解台湾青年的心理特征，了解他们对在大陆就业创业乃至生活的真实意愿和诉求，就成为学界的一个重要课题。

二 调研实施与样本情况

2016年11月至2017年3月,广西师范大学桂台合作研究中心与台湾义守大学、云林科技大学、逢甲大学、台北大学、金门大学、醒吾科技大学、侨光科技大学、东海大学等8所大学合作,历时5个月开展了"台湾青年赴大陆就业创业意愿及影响因素"问卷调查。问卷虽由台湾青年赴大陆"交流、就业、创业、定居"四个板块30个问题构成,但调研的侧重点在于就业创业意愿。共发放问卷1670份,回收有效问卷1627份,回收率为97.43%。样本中男性611人,占样本总体的37.55%,女性1016人,占样本总体的62.45%。其中本科生1366人,占总体的83.96%,硕士研究生237人,占总体的14.57%,博士研究生24人,占总体的1.48%。样本中来过大陆的台生648人,占39.83%,未来过大陆的台生979人,占60.17%,样本包含东部台生26人,中部台生455人,南部台生451人,北部台生695人。样本所属专业涵盖工商管理类、财务金融类、外语类、电子信息工程类等十多个专业。就样本代表性而言,本研究认为,相对于已经走向社会的台湾青年,在校大学生面临的就业创业压力较大,就业创业动机最强。因而,选择大学生作为青年中的代表性群体,更符合研究需要。样本基本信息见表1。

表 1　样本基本信息[①]

样本特征		人　数	百分比（%）
性别	男	611	37.55
	女	1016	62.45
学历	本科	1366	83.96
	研究生（含硕士、博士）	261	16.04
地区	南部	451	27.72
	北部	695	42.72
	中部	455	27.97
	东部	26	1.60
是否来过大陆	是	648	39.83
	否	979	60.17
专业	工商管理类	189	11.6
	财务金融类	202	12.4
	外语类	172	10.6
	电子信息工程类	163	10.0
	经济学类	192	11.8
	教育类	171	10.5
	公共行政类	177	10.9
	法律类	169	10.4
	其他	192	11.8

注：①图表中未注明资料来源的均为调查所得。

三 台湾青年赴大陆交流、就业、创业、生活等意愿描述性统计

（一）台湾青年赴大陆交流意愿

整体来看，台生愿意赴大陆交流学习的比例达到2/3。具体而言，台生来大陆交流学习的意愿如下：愿意至非常愿意占66.2%，不愿意至非常不愿意仅占5.1%，一般态度的为28.7%。探寻其意愿影响因素，根据问卷复选结果，如果仅就"非常影响"程度而言，家庭经济条件是台湾青年赴大陆交流首要考虑因素的占31.86%，家人态度也从侧面产生影响的占20.61%，其次是两岸关系动态占29.40%，大陆就业创业环境占28.12%，大陆人文环境占27.15%，大陆支持两岸青年交流占23.50%，大陆经济发展程度占22.58%，台湾社会氛围并不十分影响台湾青年赴大陆交流，仅占15.65%（见表2）。

在大陆关注的交流方式，台湾青年偏向于休闲、自由的方式，占比最高的是休闲旅游式占23.24%，其次为交换生占21.39%，学校组织交流占15.62%，游学占13.16%，体验式交流占10.41%，夏（冬）令营占7.86%，而民间社团组织交流与官方组织交流合计仅占8.33%。问卷显示，台湾青年赴大陆交流期望两岸相互了解，相互学习，学习对方优点占26.26%，建立友谊占21.65%，让对方了解台湾社会占19.52%，了解大陆

表 2　台湾青年赴大陆就业意愿

项　目	选　择	百分比（%）
赴大陆交流意愿	愿意至非常愿意	66.2
	一般	28.7
	不愿意至非常不愿意	5.1
赴大陆交流因素	大陆支持两岸青年交流	23.50
	大陆经济发展程度	22.58
	大陆人文环境	27.15
	大陆就业创业环境	28.12
	两岸关系动态	29.40
	家人态度	20.61
	台湾社会氛围	15.65
	家庭经济条件	31.86
交流方式（限选两项）	休闲旅游式交流	23.24
	交换生	21.39
	学校组织交流	15.62
	游学	13.16
	体验式交流	10.41
	夏（冬）令营	7.86
	民间社团组织交流	5.54
	官方组织交流	2.79
赴大陆交流期望收获（限选两项）	学习对方优点	26.26
	建立友谊	21.65
	让对方了解台湾社会	19.52
	了解大陆	18.39
	促进两岸中华文化认同	8.34
	其他（或无期望）	3.1
	寻找人生另一半	2.74

占18.39%，但对提升两岸中华文化认同比例仅占8.34%。

（二）台湾青年赴大陆就业意愿

调查显示，如果不考虑时间因素，愿意至非常愿意赴大陆就业的样本数占样本总数的39.01%，不愿意至非常不愿意的仅占14.28%，一般态度的比例为46.71%。循及其意愿影响因素，下述可复选选项结果显示，大陆薪资待遇是最大动因，非常影响比例高达44.57%，其次是大陆市场成长性、大陆台商经营绩效的正向激励，非常影响比例分别占36.4%和22.7%，台湾薪资水平、台湾政治经济环境作为反向因素的非常影响程度分别达到37.14%和21.66%，而两岸关系动态和家庭支持以及在大陆的人脉关系则分别占到25.86%、25.61%和25.78%。如果考虑台生不赴大陆的内在因素，台湾青年认为人身与财产安全是最主要因素，非常影响的比例高达43.88%，另外大陆与台湾的各方面差异及台湾青年对大陆的不了解也是影响台湾青年不赴大陆的重要因素，非常影响比例依次为：大陆职场潜规则，占30.79%；大陆住房价格、消费水平，占28.66%；两岸意识形态差异，占25.75%；大陆交通与生态问题，占24.35%；对大陆缺乏了解，占21.89%；大陆同龄人的包容性，占21.85%；家庭因素，占21.09%；教育背景差异与陆生竞争力强并列，占19.24%；大陆市场竞争激烈，占18.45%；两岸交流机制顺畅度，占17.92%。对在大陆就业所重点关注的面向，微观层面的关注程度（可复选）依次为：良好的企业文化和为台籍员工创造归属感占21.93%，平等的升职机会占21.18%，较高的薪资成长幅度和频率占19.16%，提供实现自我价值的岗位和平台占15.05%；有利于发展的培训机会占14.27%，住房安置占8.41%。

就赴大陆就业的行业企业与地域选择、薪资待遇预期等，调查显示，在企业性质选择意愿上，台湾青年对在大陆的外商企业和台资企业、中外合资企业倾向性较高，分别占样本总数的33.85%、32.61%、

16.37%，对大陆事业单位和本土国有企业、民营企业则表现出较低的就业意愿，三者相加仅占17.17%。在行业种类选择意愿上，台湾青年更倾向于选择服务业领域，相较而言，对于在制造业领域就业的意愿普遍偏低，这其中，国际贸易类占25.3%、餐饮服务类占8.22%、电子商务类占7.09%、地产金融类占7.85%、文化旅游类占9.98%，包括律师、会计师、审计师等在内的新兴服务业占6.97%、教育医疗类占6.59%。在地域分布选择意愿上，调查对象的选择意向体现出较为明显的东部重于中西部地区、沿海地区重于内陆地区的特征，在受访对象中，71.45%的台青选择了东部沿海城市，其中57.11%的台青选择了东部沿海发达城市，而同样作为发达城市的中西部发达城市的选择百分比只有11.8%。另外，从薪资预期来看，受访样本虽因学历层次和专业分布而对就业薪资表现出不同层次的期望，但年薪期望10万~20万元的样本占比最高，为60.3%（见表3）。

表3 台湾青年赴大陆就业意愿（复选）

项 目	选 择	百分比（%）
赴大陆的就业意愿	愿意到非常愿意	39.01
	不愿意到非常不愿意	14.28
	一般	46.71
赴大陆的动因	大陆薪资和待遇	44.57
	大陆市场成长性强	36.4
	大陆台商经营绩效	22.7
	台湾薪资水平	37.14
	台湾政治经济环境	21.66
	两岸关系动态	25.86
	家庭支持	25.61
	在大陆的人脉关系	25.78

续表

项　目	选　择	百分比（%）
不赴大陆的因素	人身与财产安全	43.88
	大陆职场潜规则	30.79
	大陆住房价格、消费水平	28.66
	两岸意识形态差异	25.75
	大陆交通与生态问题	24.35
	对大陆缺乏了解	21.89
	大陆同龄人的包容性	21.85
	家庭因素	21.09
	教育背景差异	19.24
	陆生竞争力强	19.24
	大陆市场竞争激烈	18.45
	两岸交流机制顺畅度	17.92
大陆就业关注的微观因素（限选两项）	良好的企业文化和员工归属感创造	21.93
	平等的升职机会	21.18
	较高的薪资成长幅度和频率	19.16
	提供实现自我价值的岗位和平台实现	15.05
	有利于发展的培训机会	14.27
	住房安置	8.41
大陆就业企业类型	外商企业	33.85
	台资企业	32.61
	中外合资企业	16.37
	大陆事业单位、本土国有企业、民营企业	17.17
大陆就业行业选择——泛服务业领域	国际贸易类	25.30
	文化旅游类	9.98
	电子商务类	7.09
	餐饮服务	8.22
	地产金融类	7.85
	律师、会计师、审计师等在内的新兴服务业	6.97
	教育医疗类	6.59
	制造业	2.82
	其他	7.53
	自主创业，具体行业根据市场决定	17.64

续表

项　目	选　择	百分比（%）
大陆就业地域选择	东部沿海发达城市	57.11
	东部沿海其他城市	14.34
	中西部发达城市	11.80
	中西部其他城市	1.55
	无地域要求	15.20
年薪期望	8万~10万元	8.97
	10万~12万元	25.51
	12万~20万元	34.79
	20万~40万元	20.71
	40万元以上	10.02

（三）台湾青年赴大陆创业意愿

调查显示，有意愿来大陆创业的人数占总样本的31.83%，不愿意者占14.65%，此外有53.52%的受访对象对此持一般态度。在影响台湾青年赴大陆创业的诸多因素中，大陆市场成长性占34.13%，大陆国际影响力提升占31.3%，台湾市场空间占30.2%，大陆支持台湾青年创业占28.04%，台湾创业压力占24.92%，两岸关系动态占24.54%，大陆产业链完整占23.92%，大陆"一带一路"倡议前景占22.02%，大陆台商经营绩效占21.17%，家庭态度占21.00%，台湾政治环境占16.79%。

在台湾青年不赴大陆创业的影响因素中，比例最高的选择是人身与财产安全问题，有38.87%的受访对象因此放弃来大陆创业。此外，对大陆与台湾的情况差异的担心及对大陆的认知匮乏也都是重要因素，如认为来大陆创业风险大的占32.21%，强调两岸意识形态差异的占26.08%，大陆市场竞争激烈占25.32%，大陆交通与生态问题占23.49%，对大陆缺乏了解占

22.00%，家庭因素占 21.77%，陆生竞争力强占 21.76%，两岸交流机制顺畅度占 19.86%，大陆经济增长趋缓占 19.74%，教育背景差异占 19.43%。

调查显示，台湾青年对于在大陆的创业方式呈现独立性偏低，偏爱"抱团"的意向特征。从问卷数据看，受访对象愿意个人创业的仅占样本总数的 13.02%，更多的台湾青年选择组团来大陆创业以及以大陆的台商为渠道创业，此外，还有相当比例的人群是选择和大陆青年及外资企业合作的方式（见表4）。

表 4　台湾青年赴大陆创业意愿

项　目	选　择	百分比（%）
赴大陆创业意愿	愿意到非常愿意	31.38
	不愿意到非常不愿意	14.65
	一般	53.52
赴大陆创业因素（非常影响）	大陆市场成长性	34.13
	台湾市场空间	30.2
	台湾创业压力	24.92
	台湾政治环境	16.79
	大陆台商经营绩效	21.17
	家庭态度	21.00
	两岸关系动态	24.54
	大陆支持台湾青年创业	28.04
	大陆国际影响力提升	31.3
	大陆"一带一路"倡议前景	22.02
	大陆产业链完整	23.92
	大陆市场成长性	34.13
不赴大陆创业因素（非常影响）	大陆市场竞争激烈	25.32
	陆生竞争力强	21.76
	对大陆缺乏了解	22.00
	家庭因素	21.77
	两岸交流机制顺畅度	19.86
	大陆同龄人的包容性	21.53
	大陆交通与生态问题	23.49
	教育背景差异	19.43
	两岸意识形态差异	26.08
	大陆创业风险大	32.21
	大陆经济增长趋缓	19.74
	人身与财产安全	38.87

续表

项　目	选　择	百分比（%）
赴大陆的创业方式	与台湾青年组建创业团队	24.32
	借助先期投资的台商支持创业	21.48
	与大陆青年合作创业	22.96
	与外资企业技术人员合作创业	18.21
	自主创业	13.02
赴大陆创业的现实期望（复选）	支持台资企业永续发展，尽快建立台湾青年与当地台商协会的对接渠道	20.06
	制定合理产业政策，选择产业基础较好区域作为台湾青年创业试点	19.62
	为台湾青年提供实习实践机会，适应大陆创业环境	17.02
	为台湾青年提供较好的住房、养老和医疗保障，创造公平公正的社会环境	15.76
	设立台湾青年创业扶持基金，提供创业贷款	11.61
	消除资格认证壁垒，开辟绿色通道	10.91
	设立针对台湾青年创业的孵化器	5.02
台湾青年赴大陆就业创业平台建设期望	两岸联建	61.29
	台湾建设	17.56
	协力厂商举办	17.32
	大陆建设	3.83

值得注意的是，台湾青年对于来大陆创业的政策需求中更多地关注环境创设、平台建构等面向，而对大陆政府提供奖励和资助与保障措施、住房安置等兴趣不大。具体而言，有意向来大陆创业的台湾青年普遍希望能有和当地台商协会的对接渠道，其次是要求地方部门能出台合理的产业政策，为其创业活动提供较好的产业基础和较好的区域。而要求为他们提供实习实践机会来适应大陆创业环境的呼声也很高。在创业平台建设上，超过半数的受访样本支持两岸联建，对于海峡任何一方单独发展的平台都不看好。

（四）台湾青年赴大陆生活意愿

调查显示，当前台湾青年来大陆生活定居的意愿普遍不高，大部分受访者选择观望以及持否决意向。从影响因素来看，客观原因是大陆在交通、教育和环境问题上的发展相对滞后削弱了受访者的定居动机，而伴随着大陆经济腾飞而来的生活成本居高不下又让他们产生了畏难情绪。主观原因更多地与思念岛内亲人有关，而担心生活理念不合造成在大陆定居困难也是他们的顾虑之一。此外，蔡英文当局上台后的两岸关系急转直下也是岛内大学生不看好来大陆定居的重要原因，通过调查发现，有近 1/3 的受访者是因为对两岸关系的悲观预期而放弃来大陆定居。

尽管愿意来大陆定居的受访对象比例偏低，但相关数据也说明，在这部分人群中反映出他们的"大陆印象"具有正面性、整体性和均衡性的特征。无论是对大陆的硬件建设还是软件环境，以及对当前发展现状和未来繁荣预期，这部分受访者都秉持了相当正面的积极看法，并受此影响选择愿意来大陆定居生活（见表5）。

表 5 台湾青年赴大陆生活意愿

项　目	选　择	百分比（%）
赴大陆生活意愿	愿意至非常愿意	18.57
	不愿意至非常不愿意	33.90
	一般	47.54
赴大陆生活因素（复选）	大陆生活环境改善	35.22
	大陆就业创业机会多	28.44
	大陆城市交通改善	28.62
	大陆社会保障制度改善	33.48
	大陆综合实力提升	29.43

续表

项　目	选　择	百分比（%）
不赴大陆生活因素（复选）	饮食、气候、环境	37.83
	生活理念	33.58
	经济压力	33.89
	城市交通	28.40
	思念亲人	36.66
	子女教育	29.70
	两岸关系预期	29.65

四 台湾青年赴大陆就业创业的差异性政策诉求及其解释

基于公共政策的属性划分,在研究中将台湾青年的政策意愿设置为两大类别即"服务引导"政策与"奖助保障"政策。具体来说,前者是指提供就业创业培训、专门服务,制定合理产业引导政策,创造良好公平就业环境等调控型惠台青政策。而后者是指就业创业扶持奖助、住房安置以及社会保障类等资助型惠台青政策。调查发现,在台湾青年赴大陆就业创业的政策诉求意向中,无论是在政策属性还是在政策重点上都存在着差异性,值得关注(见表6、表7)。

表 6 台湾青年赴大陆就业主要诉求

政策分类	台湾青年赴大陆就业相关诉求	频数	占比(%)
服务引导	良好的企业文化,为台籍员工创造归属感	673	41.4
	拥有平等升职机会	650	40.0
	提供实现自我价值的岗位和平台	462	28.4
	有利于发展的培训机会	438	26.9
奖助保障	较高的薪资成长幅度和频率	588	36.1
	提供住房安置	258	15.9

表 7　台湾青年赴大陆创业主要诉求

政策分类	台湾青年赴大陆创业相关诉求	频数	占比（%）
服务引导	支持台资企业永续发展、尽快建立台生与当地台商协会的对接渠道	919	56.5
服务引导	制定合理产业引导政策，提供良好的创业环境	899	55.3
服务引导	为台湾青年提供较好的住房、养老和医疗保障，创造公平社会环境	722	44.4
奖助保障	设立台湾青年创业扶持基金，提供创业贷款	523	32.1
奖助保障	消除资格认证壁垒，开辟绿色通道	500	30.7
奖助保障	针对台生设立创业孵化器	230	14.1

表 6、表 7 同时显示，台湾青年赴大陆就业创业对于大陆提供"服务引导"类政策表现出浓厚的热情和强烈的政策诉求，占样本总数的四成到五成。对于大陆提供"奖助保障"类政策则反应明显冷淡。此外，为了深入了解台湾青年赴大陆就业创业选择的影响因素，研究者在问卷中还设置了"影响赴大陆就业创业的因素"问题，选择"经济方面的压力"者占样本总数的 96.5%。对其回答进行解读，可以认为，选择赴大陆就业或创业是因为在台湾面临较高的经济压力，选择不去大陆就业创业尤其是创业，同样因为当前面临经济压力。

基于上述调查结果，可以初步将台湾青年在赴大陆就业创业中存在的反差总结为三个层面：一是在政策诉求上偏重"服务引导"，排斥或者不热衷于得到"奖助保障"；二是在就业创业意愿和政策诉求的意向分布上，呈现高比例的就业创业意愿与差异性政策诉求；三是在经济处境与政策选择上，既面临较高经济压力但又不希望得到大陆的"奖助保障"。如果用后两种反差来观照第一种反差，可以得出初步的结论，台湾青年对赴大陆就业创业的差异性政策诉求，并不是单纯的经济原因可以解释的问题，需要从两岸关系的角度予以解释。

根据台湾青年赴大陆就业创业差异性政策诉求，我们尝试从台湾青年的心理需求、国家认同以及两岸客观存在的社会环境差异等角度予以解释，以便为大陆制定"做台湾青年工作"决策提供科学依据。

（一）台湾青年对大陆抱持"过客"心理和"自尊"需求，在大陆长期发展意愿不足

问卷显示，台湾青年赴大陆求学、就业意愿高达样本的八成以上，但长期定居大陆意愿度不足两成，反映了台湾青年对大陆抱持"过客"心理。台湾青年将自己定位为大陆发展的"过客"，只将在大陆市场的成长作为获取发展资本的跳板和机遇，并认为自己终将回到台湾长期发展。由于"奖助保障"政策着眼于为台湾青年在大陆长期发展提供扶持，因而，其"长期效用"性质与台湾青年在大陆发展的"短期意愿"无法完全吻合，台湾青年对"奖助保障"政策的需求力度自然弱于"服务引导"政策。与此同时，两岸关系语境下台湾青年在与大陆交往中仍具有一种特殊的"自尊"心理，其"自尊"需求必须通过与大陆同类群体的社会比较来实现。如问卷所示，当问及"赴大陆就业创业中希望所在企业或单位提供何种支持"时，69.8%的台湾青年选择"良好的企业文化，为台籍员工创造归属感""提供实现自我价值的岗位和平台"。表明台湾青年更期望通过自身努力有所建树，而非依赖于绿色通道、孵化器或者其他具有明显资助扶持倾向的优惠政策获得发展。

（二）台湾青年对大陆的政治认同从深层上制约其对大陆相关政策的认同

从历史角度看，当代台湾青年的"天然独"是李扁"去中国化"教育下的牺牲品。从现实角度看，岛内特定政党和媒体刻意误导青年的"国家认同"和对大陆的认知。在历史和现实的双重夹击下，台湾大部分民众尤其是台湾青年不仅在"国家认同"上呈现严重异化和错位，也对大陆政治制度、政府政策存在偏于负面的认知。在此认知制约下，台湾青年不仅缺少融入大

陆社会的深层意愿，甚至在两岸交往中也具有较强的防范意识，对大陆"惠台""让利"政策存有既期待又防范的矛盾心理。他们期待两岸交往合作能给台湾和自身带来实际经济利益，又唯恐大陆借机对台湾施行"统战"手段。因此，在政策诉求上热衷"服务引导"而防范"奖助保障"。不可否认，台湾青年在理解大陆相关政策上也存在一种无意识的"信任误置"。众所周知，近年来岛内频发的青年运动固然与特定政治势力的操控密不可分，但也包含对台湾当局执政无力和施政乱象的不满因素。加之台湾青年个体生存压力以及利益诉求的边缘化，愈发增加了台湾青年群体对政治、政府的厌恶感。当解决台湾青年的就业和薪资问题从岛内议题转化为两岸议题时，台湾青年的"政府信任"场域便自觉发生了转换，而置身其中的台湾青年却在不自觉中将其对岛内"政府"效能的判断延伸乃至转移到了对大陆政府及其政策的认知场域。

（三）两岸居住环境与社会保障制度存在客观差异

城市人居环境是影响青年就业创业乃至居住迁移的重要指标。就海峡两岸的城市人居环境，有研究者于2010年开展了一项研究，该研究通过国内外生态城市评价指标、国家生态城市建设指标等，构建两岸沿海典型城市生态系统功能评价指标体系，对海峡两岸16个沿海城市生态系统功能进行比较，以此为据评价其社会、经济、自然子系统各自功能及其协调发展程度。结果表明，台湾地区城市发展阶段相对超前，演化过程相对成熟，其各个子系统以及整体功能上都具有较高功能值，因而其人居环境相对优于大陆。本次问卷也明确显示，当被问及"若有条件在大陆定居，可能不适应的地方"时，超过半数的台湾青年选择了"饮食、气候、环境"。如果台湾青年选择在大陆长期生活，势必以放弃在台湾生活的全部或部分机会为代价。至此，不难理解台湾青年为何对大陆支持其发展的"服务引导"和"奖助保障"政策持有差异性态度。

两岸社会保障制度的差异也对台湾青年赴大陆就业创业政策诉求产生重要影响。问卷结果显示，台湾青年期望大陆"提供较好的住房、养老和医疗保障，创造公平公正的社会环境"者占 15.76%。一项包括社会救助、福利服务、国民就业、社会保险以及医疗保健五项指标的台湾地区社会福利民意调查表明，67.1%的台湾民众对自己的社会福利制度引以为豪。台湾在保持较高留学率的同时仍有较高的回台就业率和定居率，在海外创业打拼的台湾人，创业成功后仍愿意回台或者家庭仍在台湾，显示其社会发展水平及其对居民的向心力。与此同时，台湾地区的养老、医疗等社会保障体系也较为完善，尤其是其医疗水准与服务能力处于国际前列。截至 2015 年，台湾医疗院所中已有 12 家通过了全球医学界公认可信度最高的 JCI 国际医院评鉴。尽管台湾地区当前仍存在福利制度财政负担过重、社会福利效率不高的问题，但对于"小确幸"思想充斥的年青一代而言，既然在台湾地区享有完善的医疗服务、社会保险、生活便利，那么，与大陆同龄人相比，其对在大陆就业创业的"奖助保障"政策持有较低诉求自然不足为奇。

五 台湾青年赴大陆就业创业的总体特征

（一）赴大陆就业创业认知总体上呈现理性状态

问卷统计结果显示，台湾青年赴大陆交流、就业、创业、定居意愿呈现由高到低分布趋势，分别为94.9%、85.72%、85.35%、66.11%。从决策风险角度看，虽然大陆为台湾青年提供了较多的优惠扶持政策，但来自未知环境的不确定性及其相应的风险仍是其决策的首要考虑因素。相对来说，交流决策的成本近乎零，就业风险显著低于创业风险，定居决策的机会成本则远高于就业创业。因此，与两岸启动交流初期台商赴大陆投资的心态相近，台湾青年对赴大陆就业创业的意愿水平与风险程度呈负相关，说明台湾青年对就业创业风险的认知总体上呈现理性状态，把握方式符合客观规律。此外，男性台湾青年愿意赴大陆发展的比例高于女性，也说明在职业选择方面，男生比女生更富有挑战精神，向往在外打拼，女生则倾向于内在稳定，符合中国男女传统的工作观。学历层次与就业创业意愿的关系则进一步表明其理性选择的特点。相对来说，在岛内就业创业空间既定的条件下，由于硕博士研究生比本科生在岛内就业创业更具优势，本科生相对硕博士研究生的就业创业劣势成为他们赴大陆就业创业的反向驱动力。本次"创业意愿特征"结果与台湾实践大学张文龙在2013年开展的相似调研，其关于台湾青年创业选择渐趋理性的研究结论亦能支持本文观点。

（二）以专业判断定位自身发展目标

问卷统计结果显示，台湾青年对在大陆服务业就业创业的意愿显著高于农业和制造业。表明台湾青年对赴大陆就业创业的行业选择意愿建基于其对中国大陆产业发展、两岸产业潜力比较的专业判断，并以此确定自身发展目标。一方面，尽管台湾近年来经济增长后劲不足，但岛内机电、半导体、无线通信等第二产业相关出口未受多大影响，对科研技术性人才有一定的需求，与制造业相关的专业学生本土发展机遇较好，因而赴大陆发展的意愿相对低。台湾服务业发展目前虽优于大陆，但岛内与第三产业相关的专业从业人员接近饱和。这些专业学生就业竞争激烈，创业资本有限，有外在发展的现实诉求。另一方面，大陆正处于产业转型阶段，国家对服务业发展提供了较为优惠的扶持政策。大陆服务业正处于成长阶段，其市场潜力巨大，可以为青年创业提供较多机会。当然，作为一个群体的台湾青年是否对《海峡两岸服务贸易协议》生效后追随服务型台资企业开拓大陆服务业市场有良好预期尚需验证，但不能排除相当多台湾青年有该方面的专业考量。

（三）交流促进效应已在台湾青年赴大陆就业创业意愿中得到体现

问卷统计结果显示，有过大陆旅游或学习交流经历的台湾青年赴大陆发展的意愿显著高于未有大陆经历的，且来过的次数和其赴大陆发展的意愿呈正相关。尽管台湾青年在大陆旅游或参加相关交流都是短期经历，但两岸交流的效应对台湾青年赴大陆发展意愿的提升作用已经开始显现。相较于无大陆交流经历的台湾青年，有过大陆交流经验的台湾青年对大陆的印象已经不再受限于台湾某些媒体提供的刻板形象，或者停留于大陆台商的口传形象，而是在感性认识的基础上结合自己的专业知识、媒体传导等做出理性的判断。本次调查结果显著支持大陆学者依据群际接触理论研究两岸交流效应的结论，即两岸深化交流"有助于澄清和减少台湾对大陆不良的刻板印象，减少误会"，台湾《旺报》于2013年对两岸交流效应所做的调查结论也与本研究结果基本相符。

（四）台湾青年赴大陆就业创业选择反映岛内区域差异

在有意愿赴大陆就业创业的青年中，南部、中部、东部地区的青年多数倾向于选择就业，而北部地区青年则更多选择创业。本研究认为，该选择是岛内区域差异在青年就业创业意愿中的反映。相对来说，台湾北部经济发展较好，家境大多殷实，拥有的社会资源也相对较广，青年所在家庭具备一定的资金和风险承担能力，因而支持其赴大陆创业。岛内其他地区的经济发展水平相对低一些，青年家庭大多不具备承担创业风险的能力，因而绝大多数都选择先就业，先期满足自己的基本生活需要，为以后长远发展打好基础。

（五）台湾青年在大陆长期发展的意愿不足

问卷统计结果显示，现在或未来在大陆定居生活的态度选择上，选择非常愿意和愿意的占比仅为18.57%，选择一般的占比为47.54%，显著低于交流、就业、创业意愿。本研究认为，从台湾青年赴大陆就业创业的整体意愿来看，他们多数看好大陆市场的发展前景，认为大陆有适宜自身发展的机遇。但从台湾青年对短期交换学习意愿高（占66.11%）、定居（占18.57%）低意愿、住房安置不关心（占8.41%）以及养老和医疗保障（占15.76%）低意愿可以看出，他们对大陆市场与产业发展的良好预期是短期的，只是将在大陆市场的成长作为获取发展资本的跳板和机会，也不排除另一种"薪资镀金、资历镀金"的"过客"心理。

六 台湾青年赴大陆就业创业意愿的影响因素

（一）从客观层面来看，驱动台湾青年赴大陆就业创业有以下几方面因素

1. 大陆市场成长性强是吸引台湾青年就业创业的重要因素

从有意愿赴大陆就业创业的台湾青年关于影响因素的选择看，认为大陆市场成长性强、就业前景好的比重达到97.2%，成为吸引台湾青年赴大陆就业创业的最大动因。从就业吸纳能力来看，中国大陆历经了改革开放30多年的快速发展，经济总量和经济增速稳居世界前列，经济实力和国际影响力也在不断攀升。由于经济发展创造的巨大市场潜力，中国大陆就业吸纳能力每年保持在1000万个就业岗位以上，特别是在与台湾青年专业优势相契合的服务业、科技研发、生产制造等领域，人才需求空间更是呈现不断增长的态势。同时，经济发展进入"新常态"以来，大陆不断推出深化经济改革及与之相配套的创新创业政策措施，如开放型经济体制建立、自由贸易区建设、"一带一路"建设、"互联网＋"等。市场空间与政策利好叠加，为台湾青年分享大陆市场红利，施展自身才华提供了良好的机遇和舞台。

2. 岛内经济低迷和薪资就业困境是台湾青年赴大陆就业创业的反向驱动力

自2008年全球金融危机以来，台湾经济持续低迷。统计表明，目前与大陆、香港、澳门相比，台湾消费者最担忧的是物价水准与经济发展状况，其中农副食品、能源价格、交通出行等与生活密切相关的物品价格上涨最让岛内民众担忧。除物价外，低薪与失业也一直是困扰台湾当局和社会的重大问题。2015年1～2月台湾经常性薪资为38347元（新台币，下同），较上年同期仅增加1.62%。扣除同期消费者物价指数后，实际平均薪资已回到16年前的水平。对于已经就业的台湾青年而言，收入不升反降。低迷的经济不仅无法创造新的就业岗位，反而增加了失业的压力。2015年3月台湾失业人数为43.1万人，是近15年来同月最低水平。其中，以初入职场的"社会新鲜人"失业率最高，20～24岁年龄段失业率为11.58%，远高于25～44岁年龄段，与此同时，大学毕业后的失业期不断拉长，失业周数已从过去的20余周上升到30余周，毕业后找到工作的时间平均需要8～9个月。在经济发展长期不景气，高物价、低薪与高失业率共存的大环境下，岛内青年愿赴大陆谋求发展的人数也日趋增多。

3. 舆论误导、信息渠道缺失影响台湾青年赴大陆就业创业意愿

根据问卷统计结果，亲友和老师介绍、台湾网站以及电视报纸等传统媒体是目前台湾青年认识大陆的主要渠道。众所周知，台湾的媒体格局"绿"大于"蓝"，在岛内主要政党对于体现"一中"框架的"九二共识"尚持不同态度的情势下，对大陆的负面宣传常常是部分政党蛊惑民众获取政治资本的有效手段。近年来，台湾民众"中国认同"的急剧下降侧面反映了台湾媒体的恶化生态。而青年则是绿色媒体受众的主体人群。正如熟稔台湾舆论的知名政治评论人邱毅所言：深知这一逻辑的民进党善于煽动青年、网军在网络和媒体进行言论造势，终使台湾社会形成如今之"台独乱象"。相较于台湾媒体的信息提供，

通过大陆媒体尤其是网络渠道了解大陆信息的台湾青年只占样本总数的 7.52%。较高比例的台湾青年不了解大陆一系列的惠台政策，尤其是与他们发展息息相关的就业创业扶持政策、社会环境、平台条件、就业渠道及创业商机等。调查中，问及对大陆惠台政策的认识，45.7%的台湾青年对此无感，6%的受访样本则对两岸关系中发生的重大事件如"洪习会"等产生了完全扭曲的认识。可见，舆论误导和信息渠道缺失导致的信息失真、信息不对称对台湾青年认识大陆以及赴大陆发展意愿产生的负面影响已成为两岸都须正视的重要问题。

4. 两岸差异客观上影响部分台湾青年赴大陆就业创业意愿

两岸长期分离导致了意识形态、文化教育、工作生活理念等方面都有差异，从台湾青年赴大陆就业创业可能不适应的选择来看，意识形态比例最高，占98.62%。意识形态概念相对抽象，但却被台湾青年极其看重，这是过去受"台独"和"去中国化"教育后形成的思维定式，降低了他们对两岸的文化认同和历史认同，对其赴大陆就业创业的归属感产生影响。同时，教育背景的差异让98.25%的台湾青年担心日后对子女的教育会有影响。还有两岸工作方式、生活习惯不同，让91.6%的台湾青年担心自己不能适应大陆职场的环境，担心自己日后和大陆员工产生冲突时会被后者排斥，这些都会对他们赴大陆就业创业意愿产生影响。

5. 家庭原因对台湾青年意愿产生影响

通过调查发现，在不愿赴大陆就业创业的台湾青年中，家庭因素对其意愿形成有重要影响。可复选选项统计显示，86.2%的台湾青年因家庭反对而放弃赴大陆就业创业，28.3%的台湾青年考虑赴大陆后面临思念亲人的痛苦而不愿前来，25.2%的青年因家庭成员对两岸关系的担心而受到劝阻，另有17.5%的台湾青年因家庭经济压力而不愿或者无法前来大陆。此外，家庭结构、成员背景、工作观、对大陆的看法、对台湾的期待等都会对台湾青年来大陆发展产生影响。

（二）从主观层面来看，驱动台湾青年赴大陆就业创业有以下几方面因素

1. 强烈的赴大陆就业创业意愿，追求大陆高薪资——对岛内"闷经济""高失业""低薪资"的恐慌

由于岛内"闷经济"和"高失业"、"低薪资"，出于追求更高的薪资待遇、寻求更广阔的发展空间的考虑，台湾青年确有赴大陆就业创业的强烈现实诉求。据台湾"内政部"统计，2016年6月底，台湾20~39岁的青年世代有681.8万人，占台湾人口总数的34.2%。其中20~29岁的人口约为301.3万人，占15.1%；30~39岁人口380.5万人，占19.1%。在老年社会严峻的情形下，青年世代是社会劳动的中坚力量。20~39岁就业者人数为518.9万人，占全社会就业人数的46.12%。其中，20~29岁就业者有199.3万人，占17.71%；30~39岁319.6万人，占28.41%。2016年6月底，台湾总体失业率3.92%，但20~24岁年轻族群失业率高达12.36%，成为失业率最高的年龄群。同期，25~29岁的失业率为6.55%，25~44岁的失业率为4.04%。台湾20~24岁的失业率自2006年突破2位数后一直居高不下。而高学历、高失业率也成为常态。目前，岛内拥有硕博士学位者已超过百万人，人力市场供需失衡。与此同时，伴随着经济不景气，薪资水平上升滞缓也被诟病。尤其是新就业年轻人的薪资待遇与周边地区相比趋于弱势，大学毕业薪资连续数载停留在22K（台币22000元，约660美元）。台湾"居住正义协会"理事长黄益中表示，以刚出社会的年轻人每个月基本薪资22K来计算，在台北市买房要花140年，并讽刺道："他买的不是房子，他买的是灵骨塔。"

2. 积极西进就业创业，对两岸关系走向却并不关心——台湾民众"求安"心态

台湾青年赴大陆就业，表现出对大陆"住房价格、消费水平、人身财产

安全"等的关注,对于"两岸关系是否影响个人发展"表示影响不大。"经济压力"也是影响其在大陆定居的最突出因素。这些选择从侧面上体现了两岸长期分治、和平发展下,台湾民众的"求安"心态。台湾民众的"安"并非居安思危,而更倾向于偏安一隅。尤其是对于年青一代,他们并没有稳定的政治取向,只关注现实生活,较少关心两岸政治关系。台湾民调显示,青年群体对事关切身利益的就业、住房及其他公共民生政策的关注明显多于空泛的政论性议题。在普遍贫困化及底层失落感的夹击下,如果从政治参与中得不到预期报酬,他们会提不起任何兴趣,他们在意的是切身利益和发展前景。台湾民众普遍的"求安"心态也体现在新任领导人蔡英文提出"维持两岸现状"的默认或是支持。大部分台湾民众或许对政治冷漠,却又担心若两岸不维持现状,而是有更进一步的经贸合作,岛内市场受陆资冲击,就业形势会愈加严峻。台湾年青一代普遍缺乏艰苦奋斗的进取精神,对未来在全球经济一体化环境下与大陆年轻人进行同场竞争有一种畏惧感。

3. 交流偏爱旅游、学习,不愿定居——"太阳花学运"后台湾青年缺乏反思,看待中国大陆的心态并未摆正

大部分受访学生表现出对大陆良好发展前景的期盼,但却也表现出不愿意在大陆定居的意愿,大部分学生表示赚足了钱还是要回台湾生活。实际上体现了台湾青年看待中国大陆的心态并未摆正,和岛内民众一样担忧大陆崛起,恐惧对大陆过度依赖。从2014年爆发的以学生为主、部分社会团体参加的反对"服贸协议"、推动"两岸协议监督条例""立法"的"太阳花学运"考虑,大陆经济的迅速崛起,使得两岸综合实力的对比差距持续加大,越来越多的台湾民众认为两岸的实力会越来越不对称,台湾已经失去了曾经引以为傲的经济优势。伴随两岸间力量对比的"陆升台降",部分台湾民众和青年由于对大陆存有误解和偏见甚至敌意,他们担心大陆主导两岸关系,"吞并"台湾,担心台湾经济过度依赖大陆,担心"服贸协议"实施会挤压他们的生存空间,使他们失去工作机会,因此对

两岸关系走向及台湾未来产生恐慌、焦虑和不自信心态。"在中国大陆崛起、台湾经济发展面临困境及对大陆依赖度升高形势下,台湾一般民众不仅既有的经济自信心崩溃,而且产生严重焦虑感,结合尚存的'台湾民主与自由'等政治优越感,'恐中''反中'情绪自然滋生。"三年之后,"太阳花学运"的当事人即将走向社会或者已经面临职场压力,这部分人一方面曾打着"反中"的旗号阻碍两岸一体化进程;另一方面渴望大陆的广阔市场前景和高薪资。如此理想与现实选择的出入,可见鲜有"太阳花学运"当事人反思当年的行为,并未能真正认识到台湾与大陆经贸合作导致岛内资本外移,应该说这是经济全球化造成的,也是资本逐利的结果。在全球化趋势下,台湾青年始终面临其他国家和地区青年人的竞争,而两岸服务贸易协议不但可以扩大台湾年轻人的竞争优势,而且能在台湾创造更多的就业机会,也扩大了年轻人到大陆发展的机会。

4. 经济西进和政治分离的二元悖论——"对维持现状"的自信缺失

不论是在大陆就业还是创业,台湾青年均表现出对"大陆市场竞争激烈""陆生竞争力强"的担忧,关注"大陆同龄人的包容性""大陆职场潜规则"等。时至今日,可以说台湾民众心态发生了重大变化。台湾《时报杂志》披露,岛内许多大学生患了"忧郁症",自我评价很低,对未来感到担忧无望。特别是最近几年台湾社会的失业率不断增高,青年学生就业困难。就连一些留学回岛的博士,也难以找到工作。然而,多数青年虽感到了就业艰难,但在就业的选择上却有着比较高的期望值。他们普遍重视个人专长和兴趣及"将来发展的潜力",愿意到工商企业供职,希望当一个企业家。一方面被"就业难"的暗淡前景搅得六神不安,一些家长对子女"望子成龙"或"望女成凤"的愿望使青年压力倍增甚至心灰意冷;另一方面又幻想能出人头地,挣一个"光明前程",较真实地反映了当代台湾青年的一种心理"逆差"。

5. 关注"尊严"，追求公平公正待遇——两岸社会发展程度与社会结构差异

不论是就业、创业，还是定居大陆，台湾青年关注"两岸意识形态差异""社保制度""公平公正的职场环境"等。台湾和大陆社会发展水平与社会结构等方面存在一定的差异和差距。改革开放以来，大陆经济取得了空前的发展，社会发展水平得到大幅度提升。但大陆内部贫富差距正在不断拉大。大陆地区，即使最发达的地区，其社会发展程度也与台湾有距离，大陆社会整体文明素质及服务水平还有很大的提升空间。在社会结构方面，大陆仍处于工业化发展阶段，经济发展环境和资源成本依然比较高，产业转型或升级压力比较大。相比之下，台湾经济发展已经进入高科技产业和服务业发展并重的时期，农业和一般重工业的比重相对较低，传统劳动力密集产业逐渐萎缩或外移，即使是农业也向休闲农业和观光农业转型。台湾社会发展比较平稳，中产阶层数量庞大，社会各阶层较能和平相处。环境保护、文创产业等成为当前台湾社会发展的主题。台湾青年来大陆后，会比较明显地感受到两岸社会发展程度及社会结构差异带来的不适性。

七 信息渠道对台湾青年"大陆认知"的影响及其应对策略

基于两岸关系的特殊性，调查问卷没有直接设计关于"大陆认知"的调查指标，而是在"两岸关系变化及其重大事件影响"指标下设计若干问题，试图进一步间接了解台湾青年的大陆认知（见表8）。

表8 台湾青年对两岸关系变化及其重大事件影响的认知情况

选 项	问 题	频数	占比（%）
两岸关系变化对个人发展的影响（单选）	没有影响	113	6.98
	影响不大	528	32.61
	影响两岸青年交流从而减少发展机会	293	18.10
	限缩台湾经贸规模从而制约个人发展空间	359	22.17
	影响家庭收益，间接影响个人发展条件	83	5.13
	促使个人赴大陆发展	71	4.39
	促使个人赴国外发展	172	10.62
对"洪习会"倡议共同促进台湾青年赴大陆就业创业的看法（单选）	有胜于无	500	31.11
	国民党作用有限，关键看大陆如何推动	394	24.52
	政党主张而非当局政策	336	20.91
	当前的两岸关系不利于该倡议政策化	279	17.36
	端视岛内执政党的态度	98	6.10

结果显示，在2016年台湾政党轮替的影响下，两岸关系变化对台湾青年个人发展的影响偏于负面。多达45.40%的台湾青年认为两岸关系变化不利于个人发展，其中，"限缩台湾经贸规模从而制约个人发展空间"是台湾青年最为关心的问题，比例达到22.17%；另有18.10%的台湾青年认为两岸关系变化会影响两岸青年交流从而减少发展机会，同时，5.13%的台湾青年认为，两岸关系变化会影响家庭收益，并进一步间接影响个人发展条件。持"影响不大"或"没有影响"一般客观态度的台湾青年占比39.59%。仅有4.39%的台湾青年认为两岸关系变化会促使个人赴大陆发展。

问及2016年11月国共两党领导人举行"洪习会"，倡议共同促进台湾青年赴大陆就业创业，31.11%的台湾青年认为"有胜于无"，另外68.89%的台湾青年更加关注岛内执政党、国民党、大陆政府三方的协调。24.52%的台湾青年认为国民党作用有限，关键看大陆如何推动；分别有20.91%、17.36%的台湾青年认为该倡议只是政党主张而非当局政策、当前的两岸关系不利于该倡议政策化，更有6.10%的台湾青年明确表示应"端视岛内执政党的态度"。台湾青年对两岸关系及其重大事件的漠然或者非理性态度进一步说明，其对大陆的认知是偏于负面的。综合来看，台湾青年对大陆或因隔膜而缺乏了解意愿，或因隔阂而产生偏于负面的大陆印象。

综合判断，台湾青年赴大陆就业创业的"较低意愿"与其"偏于负面的大陆认知"之间具有高度相关性。基于此，根据科学的调研，分析其"大陆认知"形成的原因是提升其大陆就业创业意愿的关键。

（一）台湾青年认知大陆的信息渠道

问卷就台湾青年了解大陆的信息渠道进行了调查，结果如表9所示。

表9 台湾青年认知大陆的信息渠道（多选）

选项	频数	比例（%）
同学、老师、亲友介绍	941	24.14
自媒体或者社交平台	923	23.68
台湾网站	716	18.37
电视、广播、报纸等传统媒介	708	18.16
大陆网站	293	7.52
招聘会	167	4.28
其他（如商业性中介等）	150	3.85

表9显示，通过网络新媒体了解大陆信息已成为台湾青年认识大陆的主要渠道，该部分占样本总数的49.57%。其中，自媒体或者社交平台的使用率较高，而台湾青年对大陆网站的浏览量仅占7.52%，不及台湾网站使用量的一半。人际传播渠道在所有信息渠道中居于首位，虽然问卷没有区分是通过大陆人际传播还是台湾人际传播，但是，由于问卷设计的问题中选项名称是"同学、老师、亲友介绍"，加之以台湾青年主要活动区域、接触人群推断，台湾人际传播是主要渠道，该部分占台湾青年的24.14%。电视、广播、报纸等传统媒介在所有信息渠道中排位第四，仅占18.16%。由于两岸关系的特殊性，大陆传统媒体在台湾岛内始终缺乏固定有效的发行渠道和接受效果，说明这一渠道的主要载体仍是台湾传统媒体。该结果的另一个重要意义在于，传统媒体对青年群体的影响力正在逐渐式微，新媒体成为取而代之的信息渠道。另外，分别有4.28%、3.85%的台湾青年通过招聘会或者其他渠道接受关于大陆的信息。

（二）信息渠道现状对台湾青年"大陆认知"的影响

1. 台湾青年接触群体有限，人际传播容易导致信息失真

基于青年在学业负担、经济能力、社会阅历等方面的制约，其所接触的

社会群体较之商业群体和专业技术群体更为有限。从岛内群体划分看,大陆台商、教师和研究人员、到过大陆的台湾游客等均是台湾青年可能接触的群体,也是大陆信息传播的主要人际渠道。相对而言,台商对大陆的认识较一般群体更为深刻、客观,且出于对两岸关系稳定的预期和在大陆持续经营的需要,以及吸引台湾青年加入自身发展团队的需要,台商向台湾青年传播大陆信息的态度较为正面。但是,随着两岸经济合作的深化,不少台商从起初的过客心理,转为逐渐追求本土化和永续发展,越来越多的台商携家带口常住大陆、落地生根。即便是往来于两岸的台商,也因为时间限制,社会群体分际,与台湾青年接触较少,因而从人际传播角度降低了台湾青年理性认知大陆的概率。专业技术群体与大陆交流层次较高,对大陆认识的理性程度也值得肯定。专业技术人员中教师是台湾青年接触最多的群体,但是,由于两岸关系的特殊性和台湾教育制度限制,教师通过课堂向台湾青年传播大陆正面信息的概率大为降低,即便存在一定概率,也只能是与学生的课外接触,效果极为有限。因此,台湾青年获知大陆信息的主要人际渠道应是到过大陆的台湾游客。众所周知,游客是典型的过客,其对旅游景点的关注度远高于社会生态,且基于旅游时间的限制,游客根本无法深入社会,其所接受的大陆信息事实上本身就是二手信息,信息内容中包含的调侃、虚构、夸大成分远超信息本身。经过虚构、渲染、夸大的大陆信息在岛内的二次传播,已经严重偏离了其本原状态。因此,经人际传播植入台湾青年心目中的大陆信息被误解、扭曲的可能性将大为增加。

2. 两岸关系特殊语境下大陆媒体对岛内青年影响有限

2008年以来,虽然两岸关系获得显著改善,迄今为止,两岸"两会"已就经济合作、司法互助等签署23项协议,但是,由于媒体传播与意识形态高度相关,属于两岸关系的特殊领域、敏感领域,因而,两岸并未就媒体传播与新闻机构向对方民众直接传播进行协商。因此,所谓的"媒体入岛"仅指媒体从业人员入岛采访,至于大陆电视节目在岛内播出,更多是一种以娱乐和历史为题材的文化传播，对民众了解大陆的直接作用极为有限。在媒体本身无法入岛向台湾民众进行直接传播的情势下，大陆传统媒体中对台信息传播影响最大的是报纸、杂志、电视、广播等传统媒体中的涉台栏目，如中央电视台CCTV-4频道的《海峡两岸》、东南卫视《海峡新干线》等。但是，上述媒体在内容设置、表达方式、观察角度、传播方式方面并不完全与台湾青年的新闻偏好、生活方式相契合，加之并没有涉及针对未来台湾新生代的专栏，因而对台湾青年的影响有限。值得关注的是，近年来，大陆网站的对台传播日益受到台湾青年的青睐。典型的网站如中国台湾网、你好台湾网、中国新闻网的中新台湾频道、人民网台湾频道等。以中国台湾网为例，其栏目设置包括大陆对台利好政策、台商服务中心、台资企业在大陆、保护台商合法权益、两岸婚恋、求学大陆等一大批特色频道和专栏，面向台湾不同群体，尤其是台湾青年，提供专项信息，已逐渐成为促进两岸交流合作的交互式网络平台。但是，相对于台湾青年理性客观认识大陆的巨大空间来说，其供给仍不敷需求。

3. 台湾传统媒体"绿"强"蓝"弱，被扭曲的大陆信息误导台湾青年的大陆认知

本次调研显示，近1/5的台湾青年选择利用台湾传统媒介了解大陆就业信息，说明传统媒体对台湾青年仍有重要影响。众所周知，2008年国民党执政以来，在"媒体自由"和"政党退出校园"的错误认知下，放弃国民党对重要媒体的控制权和对青年学生的引导权，致使台湾媒体格局发生"蓝消绿涨"的重大转变。绿营一方面充分利用"台湾为中心""中国视同外国"的"同心圆"史观在台湾青年中潜移默化地强化"台湾主体"意识，割裂两岸同属"一中"的历史现实；另一方面不断利用其对大部分媒体的控制权和影响力，在青年群体中宣扬"大陆威胁论"，借助国民党当局施政不力，岛内经济低迷的契机，把岛内经济、失业、薪资、贫富不均等困境归咎于大陆威胁和两岸关系影响，从而制造台湾青年的"反中""恐中"情绪，强化台湾

青年对大陆的负面认知。当前，被岛内分离势力视为"天然独"的台湾青年正是李登辉、陈水扁推行"去中国化"教育和绿色媒体政治操弄的第一代产物。

4. 自媒体已成为向台湾青年传播大陆信息的主要渠道，信息来源是影响其大陆认知的重要因素

近年来，随着台湾网络普及程度和民众上网率的不断提高，自媒体以其通信便捷、成本低廉等特点而迅速成为台湾青年人际交往和社会参与中信息传播的主要渠道。以 2014 年 3 月爆发的"太阳花学运"为案例考察自媒体信息传播对台湾青年的影响，有三个特点值得重视：一是相对于传统媒体有限的覆盖率，自媒体基本实现了对台湾青年的全覆盖；二是自媒体因其个人化和隐匿性程度较高，不易受到信息投放者掌控；三是自媒体的信息来源在自媒体影响中居于关键地位。最典型的例证是，"反服贸"运动中被台湾青年奉为圭臬而广泛传播的"服贸懒人包"实质上是源于有心人士对两岸服贸协议的歪曲解读。正是基于上述特点，自媒体在传播大陆信息的过程中为部分政治势力预留了操作的空间，从而使台湾青年所接受的大陆信息被扭曲，因而其形成的大陆认知必然偏于负面。与此同时，从两岸青年交流角度看，两岸间存在因平台不对称而无法传递真实信息的问题。台湾青年上网主要渠道为 Facebook、line 等网络社交网站，大陆青年使用微信、QQ 等网上交流软件的频率较高。两岸社交自媒体使用的差异性在无形中会降低两岸青年沟通和信息传播的质量。

八 2015年与2016年调查数据指标的比较

在2016年度调研之前,本研究团队已经在2015年完成了相同主题的问卷调查。考虑到在两次调研期间岛内政治格局和两岸关系进程已出现的相关变化,可以认为,对两次调研中的主要指标进行比较,可以在相当程度上揭示出岛内政党轮替和两岸关系"冷和"状态下台湾青年赴大陆就业创业意愿的变化轨迹及其特征。受主客观因素的限制,由于在两次调研过程中受访院校有所增减,样本数量也不完全相同,所以,我们倾向于对两者采用相对比较或比例比较的方式,过程中侧重比较就业创业意愿,对交流和定居意愿做了相对简化的比较。

(一)样本基本信息比较

2015年调研(以下统称"第一期调研")样本来源为台湾义守大学、云林科技大学、逢甲大学、台北大学四所高校,为扩大样本涵盖的地域范围,保证样本多样性,2016年调研(以下统称"第二期调研")新增金门大学等四所高校,有效样本数也由1030个增加至1627个。两期调研样本基本信息对比如表10所示。

表10显示,从调查对象的家庭居所区域看,第二期调研较第一期有明显变化,其中南部地区下降了16.75个百分点,中部、北部地区有所上升,上

表10 基本资料情况

单位：%

类别 时间	性别 男	性别 女	家庭居住地 南部	家庭居住地 中部	家庭居住地 北部	家庭居住地 东部	学习阶段 本科	学习阶段 硕士	学习阶段 博士	是否去过大陆 去过	是否去过大陆 没有
2015	40.86	59.32	44.46	19.94	33.85	1.75	84.66	13.88	1.46	32.98	67.02
2016	37.55	62.45	27.71	27.96	42.71	1.62	83.96	14.57	1.48	39.85	60.15

升幅度分别为8.02个百分点、8.86个百分点，东部地区则无明显变化。两期调查对象的整体学历层次仍保持一致。去过大陆的台湾青年比例相较于2015年上升6.87个百分点。

（二）两期调研之台湾青年赴大陆交流、就业、创业、定居整体意愿比较

表11 台湾青年赴大陆就业创业整体意愿比较

单位：%

问题与选项	调研时间	愿意及非常愿意	不愿意及非常不愿意	一般
交流	2015年	64.22	8.10	27.68
	2016年	66.11	5.09	28.79
就业	2015年	57.06	18.70	24.25
	2016年	39.01	14.28	46.71
创业	2015年	28.93	19.81	51.26
	2016年	32.83	14.65	52.52
定居	2015年	15.07	38.74	46.18
	2016年	18.57	33.90	47.54

如表11所示，2016年台湾青年赴大陆学习交流、创业以及定居意愿度有所上升，但上升幅度较小，在2~4个百分点；就业意愿则有较大幅度下降，为18.05个百分点，持观望态度的台湾青年比例上升22.46个百分点。相较于2015年，2016年"不愿意及非常不愿意"赴大陆交流、就业、

创业、定居的台湾青年数量有所下降,降幅在 3~5 个百分点。据此判断,整体趋势乐观,但应着重关注台湾青年赴大陆就业意愿及现实状况。

(三)两期调研之台湾青年赴大陆交流意愿主要指标比较

表 12　台湾青年喜欢的两岸青年交流方式(复选)

单位:%

交流方式 \ 调研期数	2015 年	2016 年
官方组织交流	4.46	2.79
学校组织交流	20.63	15.62
交换生	21.74	21.39
夏(冬)令营	11.41	7.86
游学	11.06	13.16
民间社团组织交流	7.76	5.54
休闲旅游式交流	22.94	23.24
体验式交流	无此选项	10.41

第二期调研在"两岸青年交流方式"中增加了"体验式交流"选项,但对整体调研结果没有太大影响。"休闲旅游式交流"、"交换生"仍是台湾青年比较热衷的交流方式,选择这两项的台湾青年比例几乎没有变化;选择带有学校组织性质的"学校组织交流"、"夏(冬)令营"交流方式的台湾青年数量均有明显下降,他们更倾向于选择自主性强的交流方式。

两期调研结果均显示"学习对方优点"、"建立友谊"是台湾青年的主要期望;受 2016 年台湾政党轮替及其引发的一系列事件的影响,从两岸相互了解的层次考虑,台湾青年更加希望"让对方了解台湾社会"。

表13 两岸青年交流中台湾青年期望的收获（复选）

单位：%

期望收获 \ 调研期数	2015年	2016年
建立友谊	22.17	21.65
了解大陆	23.46	18.39
让对方了解台湾社会	15.61	19.52
学习对方优点	25.62	26.26
促进两岸中华文化认同	10.80	8.34
寻找人生另一半	2.35	2.74
其他（或无期望）	无此选项	3.10

台湾青年赴大陆交流学习影响因素问题的设置，主要从三个方面考虑，在2015年"大陆环境"、"家人态度"影响因素的基础上，新增了"台湾社会氛围"。由表14、表15可知，台湾青年均"非常"或"比较"看重大陆整体环境；"家人态度"对台湾青年赴大陆交流学习的影响则有明显变化："非常影响"赴大陆交流学习的台湾青年比例由32.56%降至20.61%，"一般"、"较不"及"不影响"的比例均有上升；这些比例的变化或与"家庭经济条件"、2016年台湾政党轮替后"台湾社会氛围"的微妙变化有关。

表14 台湾青年赴大陆交流学习的影响因素（2015年）

单位：%

	影响因素	非常影响	比较影响	一般影响	较不影响	不影响
大陆环境	学校实力	36.05	43.63	18.17	1.36	0.78
	专业前景	39.07	41.89	16.52	1.85	0.68
	城市环境	40.70	40.60	16.16	1.56	0.97
	学校所在地的产业（经济）发展	29.67	43.48	23.64	2.43	0.78
	大陆政府为台生提供的待遇	43.15	37.03	17.59	1.17	1.07
	家人态度	32.56	31.39	26.63	6.90	2.53

表 15 台湾青年赴大陆交流学习的影响因素（2016 年）

单位：%

影响因素		非常影响	比较影响	一般影响	较不影响	不影响
大陆环境	大陆支持两岸青年交流	23.50	39.63	30.86	4.42	1.60
	大陆经济发展程度	22.58	43.50	27.98	5.09	0.86
	大陆人文环境	27.15	39.68	26.84	5.59	0.74
	大陆就业创业环境	28.12	41.50	24.80	4.54	1.04
家人态度		20.61	30.80	35.34	9.51	3.74
家庭经济条件		31.86	33.70	27.75	4.48	2.21
两岸关系动态		29.40	36.78	27.31	5.35	1.17
台湾社会氛围		15.65	34.19	35.97	9.94	4.24

（四）两期调研之台湾青年赴大陆就业意愿主要指标比较

两期调研均显示，"大陆市场成长性"是影响台湾青年就业意愿的主要因素；第二期调研结果更能显示两岸薪资水平和待遇对台湾青年赴大陆就业意愿的影响（见表 16～表 23）。

表 16 影响台湾青年赴大陆就业意愿的因素（2015 年）

单位：%

影响因素（复选）	比　例
大陆市场成长性强，就业前景好	45.74
大陆台商经营绩效的激励	19.09
两岸关系红利巨大	13.05
台湾就业压力大	12.46
家庭支持	8.41
其他	1.24

表17 影响台湾青年赴大陆就业意愿的因素（2016年）

单位：%

影响因素	非常/比较影响	一般影响	较不影响	不影响
大陆市场成长性	80.78	15.72	2.70	0.80
台湾薪资水平	80.36	16.02	2.95	0.68
台湾政治经济环境	54.91	35.21	8.04	1.84
大陆台商经营绩效	63.74	30.37	4.72	1.17
家庭支持	59.76	30.77	7.13	2.33
两岸关系动态	64.19	29.24	5.28	1.29
大陆薪资和待遇	83.18	13.20	2.46	1.17
在大陆的人脉关系	63.41	28.18	6.20	2.21

表18 台湾青年期望选择的就业城市类型

单位：%

城市类型 \ 调研期数	2015年	2016年
东部沿海发达城市	62.42	57.11
东部沿海其他城市	15.21	14.34
中西部发达城市	10.26	11.80
中西部其他城市	1.59	1.55
无地域要求	10.52	15.20

台湾青年希望就业的城市类型有从东部沿海城市向中西部城市扩展的趋势。台湾青年选择东部沿海发达城市及沿海其他城市的比例有所下降，相较东部沿海城市，选择中西部发达城市的台湾青年虽占少数，但仍比2015年有所上升，对就业城市"无地域要求"的台湾青年比例上升了近5个百分点。

两期调研中台湾青年的期望薪资均集中在60万～100万元这一区间，随着区间向高低两侧平移，选择人数逐渐减少；相较于2015年，薪资期望在40万～48万元、48万～60万元两个区间的台湾青年数量有所下降，在60万～100万元、100万～200万元两个区间的比例有所上升，期望获得200万元以上的极高薪资的台湾青年比例下降约2个百分点。

表 19　台湾青年在大陆就业年收入薪资期望

单位：%

薪资（新台币） 调研期数	2015 年	2016 年
40 万~48 万元	9.73	8.97
48 万~60 万元	28.21	25.51
60 万~100 万元	29.47	34.79
100 万~200 万元	19.65	20.71
200 万元以上	12.94	10.02

表 20　台湾青年赴大陆就业行业选择

单位：%

期望行业 调研期数	2015 年	2016 年
教育医疗等事业单位	7.77	6.59
制造业	5.28	2.82
电子信息业	7.55	7.09
地产金融业	18.33	7.85
文化旅游业	11.00	9.98
国际贸易	27.57	25.30
包括律师、会计师、审计师等在内的新兴服务业	8.58	6.97
餐饮服务	4.47	8.22
自主创业，具体行业根据市场决定	8.65	17.64
其他	0.81	7.53

从两期调研结果来看，台湾青年普遍青睐国际贸易这一行业，比例分别为 27.57% 和 25.30%。不同之处在于，作为 2015 年调研中台湾青年第二大选择的地产金融业，在第二期调研时选择的比例下降较大，降幅达 57.2%；"自主创业"成为台湾青年的第二选择，且台湾青年更倾向于自主性强的行业。

表21　台湾青年期望选择的企业或者就业单位类型比较

单位：%

就业单位类型 \ 调研期数	2015 年	2016 年
行政事业单位	10.45	4.85
国有企业	9.41	8.90
台资企业	29.48	32.61
其他外商投资企业	30.17	33.85
中外合资企业	16.86	16.37
大陆民营企业	3.62	3.42

从两期调研结果来看，除行政事业单位外，选择各就业单位类型的台湾青年比例未有明显变化，依次为其他外商投资企业、台资企业、中外合资企业、国有企业、大陆民营企业。

表22　台湾青年赴大陆就业期望所在单位提供的政策支持（复选）

单位：%

选项 \ 调研期数	2015 年	2016 年
良好的企业文化，为台籍员工创造归属感	22.84	21.93
提供实现自我价值的岗位和平台	14.05	15.05
平等的升职机会	20.63	21.18
有利于发展的培训机会	18.86	14.27
住房安置	10.79	8.41
较高的薪资成长幅度和频率	12.83	19.16

"良好的企业文化，为台籍员工创造归属感""平等的升职机会"是台湾青年赴大陆就业时一直期望所在单位提供的政策支持。对于"较高的薪资成长幅度和频率"，2016年台湾青年的选择比例明显升高，一定程度上反映出台湾经济的日渐低迷及台湾岛内严峻的就业形势。

表23 台湾青年了解大陆就业信息渠道（复选）

单位：%

信息渠道＼调研期数	2015年	2016年
台湾网站	26.65	18.37
大陆网站	13.38	7.52
同学、老师、亲友介绍	31.77	24.14
招聘会	4.53	4.28
电视、广播、报纸等传统媒介	23.19	18.16
其他（如商业性中介等）	0.49	3.85
自媒体或者社交平台	无此选项	23.68

由表23可知，相较于2015年，通过"同学、老师、亲友介绍"等人际传播渠道了解大陆就业信息的台湾青年数量虽下降7.63个百分点，但该渠道仍是其首选；通过"台湾网站"、"大陆网站"渠道了解大陆的台湾青年数量也明显下降，原因在于第二期调研"自媒体或者社交平台"选项的增加对其余选项的干扰。从第二期调研结果中更能看出，随着台湾网络普及程度和民众入网率的不断提高，自媒体已成为台湾青年了解大陆就业信息的主要渠道。

（五）两期调研之台湾青年赴大陆创业意愿主要指标比较

表24 台湾青年赴大陆创业意愿

单位：%

调研期数＼态度	愿意及非常愿意	不愿意及非常不愿意
2015年	28.93	19.81
2016年	32.83	14.65

与2015年相比，2016年台湾青年赴大陆创业意愿稍有增强，其中愿意及非常愿意赴大陆创业的人数比例增长近4个百分点，略低于不愿意及非常

不愿意的人数比例降幅。

因第一次调研未涉及"台生是否决定赴大陆创业的影响因素"这一问题，故对于该问题，进行"台生做出赴大陆创业决定"的影响因素与"台生做出不赴大陆创业决定"的影响因素的分类比较（见表25、表26）。

表25 台湾青年做出赴大陆创业决定的影响因素

单位：%

类别	影响因素	非常影响	比较影响	一般影响	较不影响	不影响
大陆环境	大陆市场成长性	34.13	45.63	17.53	1.66	1.05
	大陆台商经营绩效	21.17	44.26	25.62	3.46	5.49
	大陆支持台湾青年创业	28.04	41.14	24.42	4.80	1.60
	大陆产业链完整	23.92	40.28	29.03	5.23	1.54
台湾环境	台湾市场空间	30.20	47.60	19.37	1.91	0.92
	台湾创业压力	24.92	42.83	27.45	3.88	0.92
	台湾政治环境	16.79	28.47	43.11	9.53	2.09
两岸兼有	两岸关系动态	24.54	38.99	29.52	5.90	1.05
台生自身原因	家庭态度	21.00	32.02	36.39	7.45	3.14
大陆改革开放进程	大陆国际影响力提升	31.30	40.65	22.69	3.57	1.78
	大陆"一带一路"倡议前景	22.02	34.62	34.69	5.90	2.77

表26 台湾青年做出不赴大陆创业决定的影响因素

单位：%

类别	影响因素	非常影响	比较影响	一般影响	较不影响	不影响
大陆环境	大陆市场竞争激烈	25.32	40.44	26.74	5.41	2.09
	大陆同龄人的包容性	21.53	38.19	31.92	6.46	1.91
	大陆交通与生态问题	23.49	39.73	30.14	4.98	1.66
	大陆创业风险大	32.21	39.52	23.42	3.32	1.54
	大陆经济增长趋缓	19.74	37.21	35.67	5.66	1.72
	人身与财产安全	38.87	35.85	20.79	3.01	1.48
	陆生竞争力强	21.76	36.51	32.21	6.76	2.77

续表

类别	影响因素	非常影响	比较影响	一般影响	较不影响	不影响
两岸因素	教育背景差异	19.43	38.68	33.52	6.64	1.72
	两岸意识形态差异	26.08	38.38	29.09	4.74	1.72
	两岸交流机制顺畅度	19.86	40.71	33.27	4.18	1.97
台生自身原因	家庭因素	21.77	28.11	36.35	9.72	4.06
	对大陆缺乏了解	22.00	38.60	29.87	6.95	2.58

综合表25、表26可知，台湾青年是否做出"赴大陆创业"这一决定的影响因素，大体上可归类为"大陆环境"、"台湾环境"、"两岸兼有"与"台生自身原因"。在"大陆环境"的影响这方面，"大陆市场的成长性"最能吸引台湾青年赴大陆创业，大陆台商的示范效应（经营绩效）次之；而"人身与财产安全"成为其赴大陆创业最大的阻碍（近3/4的台生对此表示担忧），创业风险次之（认为非常影响及比较影响的台生超过七成），大陆市场的竞争压力及大陆交通生态问题、大陆同龄人的包容性则是较大的阻碍因素（认为非常影响及比较影响的台生都超过了六成）。对于"台湾环境"对台生赴大陆创业的推动，台湾市场空间、创业压力所起的推动作用大于政治环境的影响作用。对于两岸兼有的影响因素，两岸意识形态差异是台湾青年赴大陆创业最大的顾虑，台湾青年对其的担忧程度超过对教育背景差异的不习惯以及两岸交流机制的顺畅度带来不利影响的担忧，两岸关系向好最能吸引台湾青年赴大陆创业。在"台生自身原因"这方面，家庭态度（或家庭因素）对其赴大陆创业的推动与阻碍作用大致相当；台湾青年不愿赴大陆创业，多半还是由于对大陆的不了解。此外，大陆国际影响力提升与大陆"一带一路"倡议前景对台湾青年赴大陆创业的推动作用与大陆市场的成长性及大陆台商的经营绩效对台湾青年赴大陆创业的积极影响不相上下（认为非常影响及比较影响的台湾青年分别超过了七成及六成）。

表27　台湾青年希望选择的创业方式

单位：%

创业方式＼调研时间	2015年	2016年
自主创业	14.44	13.02
与大陆青年合作创业	18.17	22.96
借助先期投资的台商支持创业	18.17	21.48
与台湾青年组建创业团队	27.55	24.32
与外资企业技术人员合作创业	21.66	18.21

由表27可知，与2015年相比，2016年台湾青年赴大陆自主创业的意愿几乎没有变化，仅降低了一个百分点。选择与同乡组建创业团队以及与外资企业技术人员合作创业的意愿稍有减弱，有意愿通过这两种方式创业的台生数均减少约3个百分点。而台生对台商的先期投资依赖有所增强，选择借助先期投资的台商支持创业的台生数增长约3个百分点；他们更加愿意与大陆青年合作创业，选择该项创业方式的人数增长了近5个百分点。

表28　台湾青年希望得到的大陆政府优惠政策（复选）

单位：%

优惠政策＼调研时间	2015年	2016年
制定合理产业政策，选择产业基础较好的区域作为台湾青年创业试点	39.11	19.62
支援台资企业永续发展，尽快建立台湾青年与当地台商协会的对接渠道	44.52	20.06
为台湾青年提供较好的住房、养老和医疗保障，创造公平公正的社会环境	44.89	15.76
消除资格认证壁垒，开辟绿色通道	11.38	10.91
设立针对台湾青年创业的孵化器	3.80	5.02
设立台湾青年创业扶持基金，提供创业贷款	16.07	11.61
为台湾青年提供实习实践机会，适应大陆创业环境	14.42	17.02

因第二期调研对该问题在第一期调研结果基础上进行了整合,故表28显示,除"消除资格认证壁垒,开辟绿色通道""设立针对台湾青年创业的孵化器""为台湾青年提供实习实践机会,适应大陆创业环境""设立台湾青年创业扶持基金,提供创业贷款"这几项政策外,相较于2015年,选择其他政策的台生数量均下降20~30个百分点。希望大陆"消除资格认证壁垒,开辟绿色通道"的台生人数下降不足一个百分点,说明大陆在台生创业资格认证方面的政策延续性较强;希望大陆设立创业孵化器、提供实践机会的台生数量分别上升约一个和两个百分点,说明台生来大陆创业时,更加看重的是大陆给予的创业指导及培训;希望大陆设立创业扶持基金,提供创业贷款的台生数量下降近5个百分点,原因可能与台生更希望得到大陆台商的前期投资支持有关。

表29 台湾青年希望的大陆就业创业平台建设方式

单位:%

就业创业平台建设方式 \ 调研时间	2015年	2016年
大陆建设	4.40	3.83
台湾建设	24.85	17.56
两岸联建	52.45	61.29
第三方举办/协力厂商举办	18.30	17.32

2016年台生对于大陆或者台湾单方面建设就业创业平台的热情依旧不高,甚至还有所减退。其中,希望"大陆建设"的台生数量下降近一个百分点,希望"台湾建设"的台生数量下降约7个百分点。而台生对于"两岸联建"这种方式更加推崇,选择该方式的台生数量增加近9个百分点。此外,相较于协力厂商,台生更倾向于"第三方"这一模糊概念引导建设就业创业平台。

与2015年相比,2016年国共两党领导人之间的往来被台生视为"政党主张而非当局政策"的比例增加约3个百分点,这可能反映了在岛内政党

表30　台湾青年对于国共领导人互动往来的态度比较

单位：%

态度 \ 调研期数	2015年	2016年
政党主张而非当局政策	17.83	20.91
关键取决于两岸关系是否和平发展/当前两岸关系不利于该倡议政策化	19.73	17.36
务实可行	8.96	无此选项
纸上谈兵	15.82	无此选项
有胜于无	无此选项	31.11
端视岛内执政党态度	无此选项	6.10
国民党作用有限，关键看大陆如何推动	无此选项	24.52

发生再次轮替之后台生对两岸关系和平发展的信心不足，并进而担心两岸利好形势也无法政策化。尤其是国民党在2016年大选惨败，更使得岛内青年看轻它在推动台海政策上的作用和影响，调查显示，近1/4的台生认为"国民党作用有限，关键看大陆如何推动"，超过三成的台生认为两岸领导人的会面及倡议仅存在"有胜于无"的进步意义，甚至少量台生认为这些共识与倡议能否政策化要取决于新上台的民进党态度。

（六）两期调研之台湾青年在大陆生活意愿主要指标比较

表31　台湾青年对在大陆定居的态度比较

单位：%

定居态度 \ 调研期数	2015年	2016年
愿意及非常愿意	15.07	18.57
不愿意及非常不愿意	38.74	33.90
现在没想，以后想去及生态环境改善后定居/一般	46.18	47.54

2016年，台生在大陆定居的愿望有所增强，其中"愿意及非常愿意"的

台生数量增长 3.5 个百分点，"不愿意及非常不愿意"的台生数量下降近 5 个百分点，持中立态度的台生数量增长近 1.5 个百分点。三种态度的总体变化说明大陆对台生的吸引力较 2015 年有所增强。

表 32　台湾青年定居大陆的不适应（不愿定居）因素比较

单位：%

因素 \ 调研期数	2015 年	2016 年
饮食、气候、环境	33.39	37.83
生活理念	21.58	33.58
经济压力	10.58	33.89
城市交通	10.35	28.40
思念亲人	17.17	36.66
子女教育	6.94	29.70
两岸关系预期	无此选项	29.65

2016 年，选择"饮食、气候、环境"的台湾青年数量较 2015 年增长了约 4 个百分点，变化幅度在各因素之中波动最小。相对来说，在连续两年的调查中，受访对象对于来大陆定居生活的顾虑变化主要反映在"经济压力""子女教育""思念亲人"等选项上，它们的增加幅度都在 20 个百分点左右。除此之外，受 2016 年台湾政党轮替的影响，近三成的台湾青年出于对两岸关系的悲观预期而不愿定居大陆。

因第一次调研未涉及台湾青年愿意定居大陆的影响因素，故只在第二次调研的台湾青年愿意定居大陆的各影响因素之间进行比较。

表 33　台湾青年愿意定居大陆的影响因素

单位：%

影响因素	非常影响	比较影响	一般影响	较不影响	不影响
大陆生活环境改善	35.22	43.56	17.92	1.68	1.62
大陆就业创业机会多	28.44	43.37	24.64	2.12	1.43

续表

影响因素	非常影响	比较影响	一般影响	较不影响	不影响
大陆城市交通改善	28.62	39.51	26.76	3.55	1.56
大陆社会保障制度完善	33.48	36.90	24.95	2.92	1.74
大陆综合实力提升	29.43	39.08	26.94	2.86	1.68

在影响台湾青年做出"愿意定居大陆"这一决定的各因素之中,大陆生活环境的改善效果最能吸引台生在大陆定居;其次,大陆广阔的就业创业空间成为台生考虑的重要因素;再次,大陆社会保障制度的完善与2016年政党轮替后台湾社会保障制度改革状况形成的鲜明对比对台生来说也是一大红利。大陆城市交通改善及综合实力提升对台生在大陆定居的吸引力稍弱一些,但选择这两项的台生数量也接近七成。

九 民进党上台后台湾青年赴大陆就业创业的意愿及变化特征

2016年岛内政党再轮替以来，台湾青年赴大陆就业创业的意愿是否发生变化以及如何变化是大陆在制定相关政策时必须予以关注的重大问题。基于对2015年和2016年连续两期调研相关指标的比较分析，可以发现，台湾青年赴大陆就业创业意愿及其关注面向均有所变化并呈现相当清晰的演化特征。

（一）民进党上台后台湾青年赴大陆就业创业意愿的变化特征

对比2015年、2016年两年的问卷结果，可以发现，民进党执政对岛内青年赴大陆创业意愿影响有限，但在一定程度上抑制了他们的就业意愿。总体上看，这一群体对于两岸深入交往和持续互动有犹豫迹象，观望情绪抬头。具体见图1（系列1代表"愿意及非常愿意"，系列2代表"一般"，系列3代表"不愿意及非常不愿意"）。

基于调查数据的统计分析，可以认为民进党执政以来岛内青年与大陆交往意愿呈现三个方面的变化特征。

1. 阻碍台湾青年来大陆创业就业的"负面印象"有所好转

将两期调研进行比较，反映台湾青年群体"大陆印象"的四个指标在负

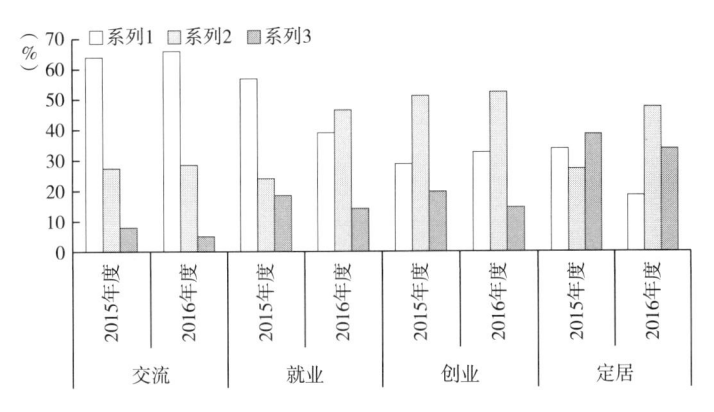

图 1　台湾青年赴大陆交流、就业、创业、定居意愿比较

向取值上都呈现下降态势。其中，不愿意来大陆创业的下降幅度最大，总体减少5.16%，其他依次为定居（4.84%）、就业（3.42%）、交流（2.91%）。这说明，蔡英文上台以来所推行的"去中国化"政策并不奏效，岛内年轻世代的"恐中"、"反中"情绪有所淡化，选择用脚投票了解、接近大陆的比例数据有止跌回升的趋势。

2. 台湾青年在两岸交往意愿与互动层次上的反向关系日益明显

这种反向关系主要是指在两岸互动中，台湾大学生的交往意愿会随着他们对大陆"嵌入"程度的加深而逐渐递减。以2016年的调查为例，在表示愿意来大陆交流、就业、创业和定居的选择意向上，从最高66.11%依次递减，最后定格为18.57%的最低比例。与之相对照的是，不愿意来大陆从事上述活动的大学生中，选择比例呈现递增态势。上述反向关系的存在，一方面反映出台湾青年畏难情绪、"小确幸"思想严重；另一方面体现了他们对于大陆普遍存有"过客心态"，国家认同观念淡薄。

3. 有限参与、彷徨观望乃至冷漠逃避是当前岛内青年对于两岸互动的主流意愿

从意愿波动幅度看，代表台湾大学生观望等待情绪的"一般"选项变动

最为明显，如在就业指标中它的增幅为 21.46%，在定居指标中增幅也高达 20.2%。从意愿分布来看，代表两岸互动的四大指标中有三个指标（就业、创业和定居）的主流选择意愿（接近或超过半数）是"一般"。这说明，蔡英文上台以来对两岸关系"冷处理"已经给岛内青年的两岸认知、情感和价值评价造成消极影响，而大陆崛起的客观事实又使得这一群体对民进党的"反中"宣传有所察觉，由此产生的认知失调则导致了当前台湾大学生对于两岸议题普遍采取逃避和旁观态度。

（二）民进党执政条件下台湾青年赴大陆就业创业的主要关注面向变化特征

在 2015 年对台湾青年的问卷调查中，发现影响这部分群体来大陆就业意愿主要集中在薪资收入、台商经营状况以及社会关系等微观因素上。2016 年台湾发生政党再轮替后，台湾青年在持续关注上述因素的同时，对于岛内局势、大陆影响力、两岸关系等较为宏观的因素有了一定程度的关注，并将其与大陆就业创业做了一定程度的连接。相应地，其关注面向与选择偏好出现了三个新的变化。

1. 台湾内部的政经变化开始成为推动岛内年轻世代前往大陆就业的重要因素

调查中发现，有 21.66% 的人认为岛内环境对个人前往大陆就业的影响显著，另外还有 33.25% 的大学生认为这一因素有着比较重要的参考价值。具体如图 2 所示。

2. 蔡英文上台后两岸关系变化对岛内年轻人就业意愿的影响作用开始凸显

调查发现，受访对象中认为两岸关系动态能够影响个人就业意愿的比例达到 90.12%，而认为不受此影响的比例不到 1/10。

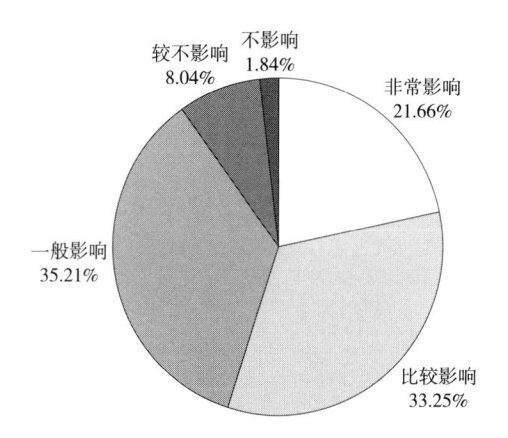

图 2　岛内环境对个人前往大陆就业的影响程度

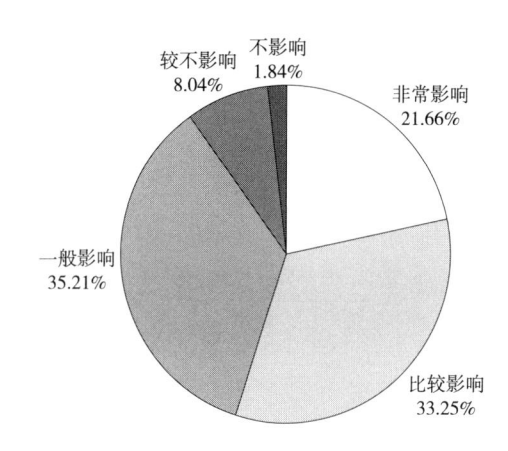

图 3　两岸关系变化对台湾青年的就业意愿影响

3. 当前台海交流机制的停摆状态成为台湾青年选择来大陆就业的主要障碍

当被问及两岸交流机制与拒绝来大陆就业的关系时，台湾大学生中有291人认为两者间存在重要关系，而679人认为前者对后者有着影响作用，而否认自己受此影响的只有142人。

此外，通过调查还发现，当前台湾大学生对于是否前往大陆就业还受到地域分布、收入区间以及行业类型的影响，比如绝大部分岛内青年人希望去东部沿海发达城市，更愿意从事国际贸易方面的工作，相对而言，愿意去中西部地区或无地域要求的比例很小，想去制造业工作的台湾青年人则是调查对象中人数最少的。

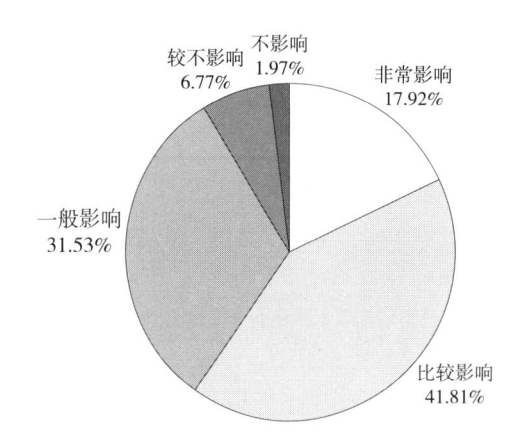

图 4　两岸交流机制与拒绝来大陆就业的关系影响程度

而且他们即使来大陆就业，大部分还是希望去台资企业或外资企业工作，愿意为大陆民营企业服务的比例微乎其微。

从统计数据看，岛内青年群体对于大陆方面在就业问题上提供帮助存在需求，其中，他们最为迫切的要求是所在单位能提供良好的企业文化，其次是希望在工作中受到平等对待，而对住房安置的政策要求并不强烈。

与就业问题相同的是，当前岛内青年人对于来大陆创业也开始关注台湾政经环境变化、两岸关系倒退以及沟通机制受阻等不利因素，但他们仍然保持了非常稳定的创业意愿分布，甚至愿意来大陆创业的比例还出现了稳中有升的积极变化。这其中的重要原因在于岛内青年群体注意到了大陆近年来由于国际影响力的提升以及推行"一带一路"倡议所溢出的创业空间。调查显示，接近71.95%的

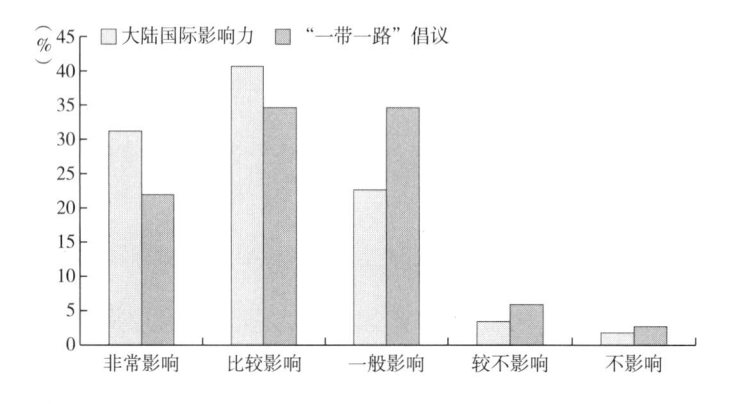

图 5　大陆国际影响力与"一带一路"倡议对台湾青年赴大陆创业的影响

受访对象注意到大陆国际影响力提升对于来大陆创业的积极意义,而看好"一带一路"倡议前景的比例也超过半数以上。

当前,岛内青年人对于赴大陆创业的外部要求相对较少。比如他们在选择创业伙伴时并没有过分强调对方的身份特征,在台籍、外籍以及大陆籍三种来源中分布相对均匀,并不像就业意愿中体现出强烈的台湾认同。但是,这并不意味着他们对于大陆创业没有顾虑以及政策需求。通过调查发现,大多数台湾青年非常看重来大陆创业的平台建设,并表现出强烈的由两岸联建而非一方包办的意愿。此外,他们对于大陆地方政府的政策诉求还包括建立与台商协会的对接通道,提供创业试点、社会及医疗保障以及实习机会等诉求,对于大陆地方政府目前积极发展的创业孵化器并不热衷,选择比例相对较低(见图6)。

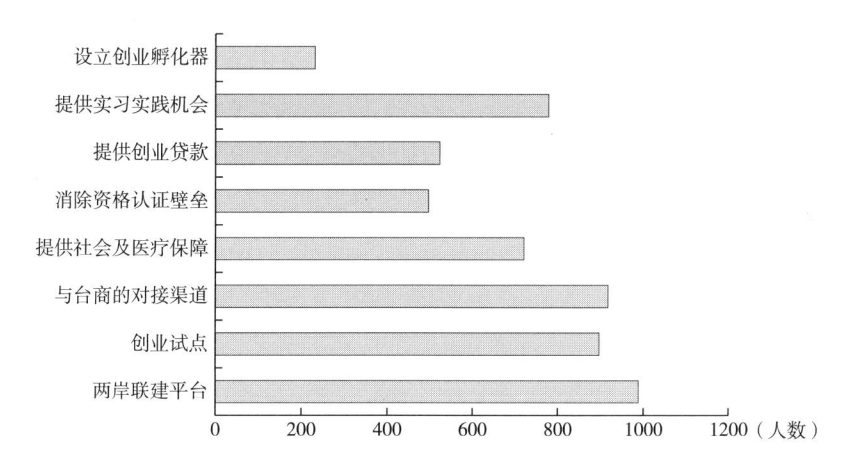

图6 台湾青年对大陆政府支持其创业的政策诉求

十 中国大陆吸引台湾青年就业创业的主要政策措施现状与评析

（一）大陆各省、市现行支持台湾青年到大陆就业、创业的政策及其特点分析

随着大陆经济快速发展和两岸经济文化交流不断深入，广大台湾同胞特别是台湾青年来大陆寻求发展机遇的愿望不断增强。大陆政府一直本着让台湾同胞分享大陆发展机遇的真诚愿望，相继出台了一系列鼓励、支持台商及台湾青年到大陆就业创业的优惠政策措施，积极释放政策红利。

表34 2013～2016年大陆各省、市级出台支持台湾青年赴大陆就业创业政策一览

级别	时间	地点	政策名称
省级	2013年4月	浙江省	《中共浙江省委组织部等5部门关于做好台生和其他台湾居民来浙江就业创业工作的意见》
	2015年6月	福建省	《福建省人民政府关于鼓励和支持台湾青年来闽创业就业的意见》
	2016年2月	上海市	《关于推进台湾青年在沪就业创业的建议》
	2016年3月	山东省	《关于鼓励和支持台湾青年来鲁创业就业的意见》
	2016年7月	天津市	《关于鼓励和支持台湾青年来津就业创业的实施意见》
	2016年8月	湖北省	《省人民政府办公厅关于鼓励和扶持台湾青年创业就业的意见》

续表

级别	时间	地点	政策名称
市级	2015 年 6 月	浙江省温州市	《温州市扶持台湾青年创业就业优惠政策》
	2015 年 8 月	福建省厦门市	《关于鼓励和支持台湾青年来厦创业就业实施意见》
	2015 年 8 月	福建省福州市	《关于鼓励和支持台湾青年来榕创业就业的实施办法》
	2015 年 8 月	江苏省淮安市	《淮安市促进台湾青年创业优惠政策》
	2015 年 9 月	浙江省杭州市	《台湾大学生来杭创业就业实习的有关政策待遇》
	2015 年 9 月	福建省宁德市	《宁德市人民政府关于鼓励和支持台湾青年来宁创业就业的实施意见》
	2015 年 10 月	福建省莆田市	《莆田市人民政府关于鼓励和支持台湾青年来莆创业就业的意见》
	2015 年 10 月	山东省青岛市	《关于鼓励和支持台湾青年来青创业创新的意见》
	2016 年 1 月	福建省厦门市	《人才政策新十八条》
	2016 年 4 月	福建省泉州市	《泉州市人民政府关于鼓励和支持台湾青年来泉创业就业的实施意见》
	2016 年 5 月 30 日	山东省潍坊市	《关于鼓励和支持台湾高校毕业生来潍坊创业就业的通知》
	2016 年 10 月 18 日	山东省烟台市	《关于鼓励和支持台湾青年来烟创业就业的意见》

通过对以上鼓励政策的背景考察、内容分析和效果评估，可以认为，大陆各省、市当前支持台湾青年到大陆就业、创业的政策主要呈现以下特点。

1. 政策覆盖面多集中在东部沿海地区

由表 34 可知，支持台湾青年到大陆就业、创业的相关政策主要集中在浙江、上海、福建、山东、天津、江苏等东部沿海省市。截至 2015 年 12 月，大陆先后在北京、上海、江苏、浙江、福建、南京、湖北、广东等地建立了21家"海峡两岸青年创业基地"和授牌1家"海峡两岸就业创业示范点"。从政策效果来看，东部沿海地区在出台了一系列鼓励、支持台生就业创业地方优惠政策及保障措施之后，的确形成了一定程度的经济和政策优势，并由此吸引了大批台生来此就业创业。

2. 政策支持偏好于财政补贴和税收减免等经济手段

这其中，税收优惠手段主要包括对来大陆就业、创业的台湾青年及所创办的台资企业提供与大陆本土中小企业同等的甚至更优惠的税收优惠政策，覆盖的税种主要有：企业增值税、营业税、企业所得税、印花税、关税、个人所得税，等等。财政奖励手段包括对具有示范作用的优秀团队给予资金奖励，以示肯定与鼓励；对引进的高素质专业人才的奖励；对累计引进台湾青年创业企业、吸引台湾青年达到一定数额且持续经营满一年以上的基地，给予财政奖励。此外，在引进台湾人才方面，对符合各省市人才引进条件的，均可申报大陆"千人计划"，入选者分别给予一定经费的奖励资助。

3. 政策涵盖范围广且种类繁多

各省市现行支持台湾青年到大陆就业创业的政策涉及政策优惠、公共服务、创业补贴、融资支持等多个方面，为来大陆就业创业的台湾青年提供生活保障、就业创业资金保障、公共设施服务等各项保障措施。

（二）当前支持台湾青年到大陆就业创业政策存在的主要问题

1. 政策设计上缺乏国家层面上的总体纲领

从大陆现已颁布的关于鼓励台湾青年到大陆就业创业的政策来看，国家层面并未出台关于鼓励台湾青年来大陆创业就业的指导性文件、政策。财税政策是国家进行宏观调控的重要手段，积极的国家财税政策不仅能够支持就业、创业，也是各地区政府制定财税政策的依据。目前仅有国家允许开放台湾同胞申请个体工商户的9个试点省市正式出台了关于鼓励台湾青年到大陆就业创业的财税政策，其他省份和地区虽也出台了支持台商企业发展的政策，但不成体系，且优惠力度与针对性不强。

2. 政策传播上过于依赖传统渠道而对新兴媒体运用不足

在"双创"热潮中，大陆从中央到地方出台了一系列支持青年人创新创业的政策、措施，而大陆政府明确表示欢迎台湾青年到大陆创业共享红利。此外，部分省市还专门制定了支持台湾青年到大陆就业创业的政策，给予到大陆就业创业的台湾青年更大的扶持。但从问卷调查结果来看，问及对大陆惠台政策的认识，45.7%的台湾青年对此无感。从调查中还发现，14.4%的受访样本甚至对两岸关系中发生的重大事件如"习朱会"都产生了与事实完全扭曲的认识、看法。由此可见，信息渠道缺失导致的信息失真、信息不对称对台湾青年认识大陆以及赴大陆发展意愿产生的负面影响已成为两岸亟须正视的重要问题。

3. 政策类型与受众需求出现偏离

从问卷关于台湾青年对政策的诉求结果来看，相比奖助保障性政策，台湾青年更偏好于服务引导性政策，如：制定合理产业引导政策，提供良好的创业环境，尽快建立台生与当地台商协会的对接渠道等。而大陆政府制定的鼓励台湾青年到大陆就业创业的财税政策更多的是利用财政补贴与财政奖励为其提供奖助保障，这使得政策的制定与台湾青年的现实需要出现了偏差。

十一 政策启示与政策建议

（一）政策启示

1. 大陆青年当前所缺并非就是台湾青年当前所需，政策制定宜建立在对两岸青年创业观差异性研究基础之上

由于两岸经济社会发展历程的差异以及两岸特殊政治关系的影响，两岸青年在具有人生发展规划共性的同时，在就业创业诉求及其表达方式上也存在一定差异，即大陆青年当前所缺并非一定是台湾青年当前所需。因此，在制定相应政策吸引台湾青年赴大陆就业创业，促进和保障其充分利用大陆市场成长性促进自身发展上，应坚持"求同探异"原则，加强对两岸青年就业创业观差异性的研究，从而以台湾青年的心理和诉求为依据，制定针对性的促进和支持政策，避免凡事以大陆青年为参照系。

2. 宜分阶段处理台湾青年"引进来"与"定下来"问题，当前的政策导向应侧重"服务引导"而非"奖助保障"

调查显示，无论是选择就业还是创业，台湾青年对大陆市场的成长性和发展潜力均有高度认识。就大陆"做台湾青年的工作"目标而言，在台湾青年对大陆尚未充分了解但又具有较高就业创业意愿的情势下，当前的重点是"引进来"，使他们先获得了解和认识大陆的机会。在具有相应就业创业经历后,考虑支持和保障其"定下来"长远发展的政策措施。因此,当前的政策宜侧重"服务引导"而非"奖助保障"政策。应立足台湾青年赴大陆就业创业意愿和诉求,着力提供良好的就业环境,创造公平公正的营商、法制等社会环境,并着力做好交流、实习实践等前置工程,为其充分利用大陆市场的成长性并树立持续发展的理念奠定基础。

3. 提升青年群体参与两岸交流幅度是促使其理性认识大陆的有效途径,宜强化青年参与程度,创新交流方式

就两岸交流对台湾青年的影响而言,对本次调查结果进行交叉分析发现,曾赴大陆交流或旅游过的台湾青年,其赴大陆发展的意愿显著高于未有赴大陆经历的,且来过的频数和其赴大陆发展的意愿呈正相关。该群体对两岸关系、大陆惠台政策、大陆社会生态的认知也更趋理性。可以认为,两岸社会交流尤其是青年交流对两岸关系发展、台湾青年赴大陆就业创业及其政策诉求有正向的塑造效应。就两岸交流中台湾青年的参与程度而言,2008年两岸关系显著改善以来,两岸社会交流规模不断扩大,领域不断拓展。据统计,2008~2015年,台湾民众赴大陆人次平均每年高达741万人,但是,仍有50%以上的台湾民众尚未来过大陆。其中,青年群体因为交流渠道、学习任务、经济压力等因素制约而在其中占据很高比例。本次调研中表示未曾到过大陆的台湾青年即达样本总数的近七成。参与交流幅度受限在一定程度上制约其理性大陆认知的形成,从而对其赴大陆就业创业的政策诉求产生影响。因此,应在继续推进交换生、学术论坛、创客合作、青年文化、夏令营等各层次、多领域青年交流的基础上,创新交流方式,促进两岸青年沟通交往,消除台湾青年对大陆的褊狭认识和隔阂感受。

4. 对目前在大陆求学、就业创业台湾青年之生存现状进行持续跟踪调研,关注其真实想法与利益诉求

对于正在大陆求学、就业创业的台湾青年而言,其生活方式、价值理念

以及政策诉求较最初可能出现较大差异,其意识形态伴随着社会和生活环境的不同可能出现转变,通过实时实地了解他们的诉求,努力消除阻碍台湾青年在大陆平等享有各项权利的障碍因素。如本次调查结果显示,对于台湾青年,群体多数经济诉求居首,因此,政策着力点应在于通过满足其经济诉求进而深化对其社会和政治诉求的回应。

5. 政府只充当择业群体的"媒人",消除台湾青年的"后顾之忧"

奖助补贴的直接实施可能会降低台湾青年就业创业的积极性,导致资源的无效率配置。应充分发挥市场的服务引导作用,改变"一篮子"式的帮扶资助措施。因此,在制定政策中应充分考虑台湾青年群体的特殊性,避免一些地方政府部门将现有其他补助救助政策条例"生搬硬套"延伸到惠台政策当中。同时为保证两岸关系持续稳定发展,消除台湾青年"恐中""反中"心理,针对这一特殊群体,提出一个五年到十年、短期不变的"青年计划"。同时,针对台湾青年问题在政策上进行系统整合,政府也应尽快建立和台商协会渠道对接,鼓励台湾青年到大陆不同行业和企业实习,并以"通过资格认证"的方式对其引导和支持,让他们在不断地历练和感知中构建新的认同基础。

(二)政策建议

就如何促进台湾青年赴大陆就业创业,我们认为,两岸现实、青年需要、条件许可是大陆采取促进策略的立足点,基于此,可从认知渠道、创业环境、政策扶持、平台搭建等方面采取措施予以促进。

1. 拓宽台湾青年对大陆的认知渠道

青年是加强两岸相互认识与了解的重要参与者和践行者,要提升台湾青年赴大陆就业创业意愿,首要任务是拓宽台湾青年的信息认知渠道,努力降低他们对大陆信息的不完全了解程度和扭曲认识。一是基于台湾青年对交流组织的选择性意愿,在体现政府主导的基础上,降低交流的官方色彩,鼓励两岸高校结对合作,以学校为依托组织学生开展各层次、多领域交流。同时,通过"两会"协商,放宽大陆与台湾交换学生学校的资质限制,扩大双方交换生规模,加大交换生国家补助力度,为吸纳台湾青年赴大陆就业创业提供感性认识与经验储备。二是在两岸知名网络和媒介平台上加大台商经营绩效和两岸政策红利的宣传,减少过去失真认识对台湾青年赴大陆就业创业的决策"绑架"。同时,尝试放宽社交媒体平台的使用,创建具有中华文化特色、两岸公用的自媒体平台,让两岸青年在接受主流媒体信息的同时,以自媒体为平台开展持续交流,从同龄人、同理心角度了解大陆。三是将实习实践作为台湾青年赴大陆就业创业的前置工程,政府通过购买服务方式在大陆各类企业设置实习岗位,提供台生实习。在各类高校和社区广泛设置实践岗位,以公益或半公益方式吸引台湾青年参与,通过实践了解大陆社会,增强对大陆的认同感,为其就业创业创造认知条件。

2. 两岸合作搭建台湾青年大陆就业创业平台

为台湾青年搭建就业创业的平台,让他们在两岸和平发展中享受到更多福祉不仅是大陆单方面的义务,也是台湾当局不可忽视的使命。基于台湾青年的现实诉求,两岸协商搭建创业就业平台最符合他们的期望。可以通过"两会"协商或者两岸事务部门协商,两岸合作建立台湾青年大陆就业创业平台。该平台应集信息发布、政策服务、争端解决、法律支持等功能于一体。由于当前台湾青年在大陆就业创业的偏好区域主要集中于东部发达区域,可以考虑将该平台设置在大陆已经建设的四个自由贸易区内,由四个自由贸易区管委会组成适当形式的联合管理机构,通过发布动态信息、公布政策法令、审批流程、提供争端解决机制、涉台法律支持等措施,为台生在大陆就业创业提供综合服务。

3. 立足不同层级政府职能纵向协同就业创业促进政策

当前,大陆各层级政府、各区域均高度重视吸引台湾青年赴大陆就业创业,也提供了相应的政策支持。但是,基于政府层级与职能分工的协同效应尚未显现,弱化了政策的合力。应立足发挥政策协同效应,整合各层级政府职能,中央主导,纵向分工,形成政策合力。可以考虑由国务院台湾事务办公室总体统筹台湾青年大陆就业创业政策,协调中央层级各部门政策落实,指导各地政策制定,在上述平台统一发布。同时,在各层级台办设立专责机构,以"台湾事务办公室专责机构—区域台商协会—有意愿创业就业的台湾青年"为对接机制,为台湾青年提供来大陆就业创业的一条龙服务,把需要的相关手续、资格认证等行政审批精简到位,方便台湾青年赴大陆就业创业。

4. 改善大陆就业创业环境以提升台湾青年赴大陆发展意愿

要为台湾青年提供施展才华的舞台,就必须为他们就业创业营造良好的环境。在就业方面,先期提供实习实践岗位,并提供相应的住宿和生活安排以提前适应大陆就业环境,待正式入职后鼓励企业营造良好的企业文化,提升台籍员工的归属感,并为他们提供实现自我价值的岗位、平等的升职机会和有利于发展的培训机会。在创业方面,可以结合当下台湾青年的个性需求,设立创业导师团,开展创业技能培训和孵化工程项目,为台湾青年在大陆创业提供智力支持,以扶持他们向更高更远的目标发展。此外,创造良好的就业创业环境,大陆还须不断提高自身的软实力,在协调经济发展的进程中,进一步兼顾提升国民素质、加强生态环境保护、构建更加和谐安定的社会、努力打造宜居宜工作的生活城市,营造良好的国家形象,不断吸引台湾青年在大陆长期发展。

5. 政府主导与民间自主相结合,大力构建两岸青年体验式交流平台

从调研中获知,尽管部分台湾青年在岛内特定政治势力政治操作和媒体

误导下形成了对大陆偏于负面的认知，但是，大多数台湾青年仍具有客观认知大陆的强烈倾向、与大陆青年交流的热切愿望和对大陆市场成长性的清晰认知。但值得注意的是，当前台湾青年来大陆交流活动存在若干误区：如参与者多为非富（商二代）即贵（官二代），南部青年和贫困家庭子弟参与机会不多；过分追求两岸往来人次的总数而忽视青年因往返成本而无法前往大陆的现实困境；组织活动偏好"三好团"（吃好、玩好、睡好）为主的交流形式，导致活动意义的旅游性质远大于交流性质。如上情况造成台湾青年缺乏深度"嵌入"大陆的心理动能，了解大陆并进而就业创业的动力机制难以发挥作用。为改变此等局面，将来需要进一步扩大两岸社会交流范围和提升交流层次，推行重体验轻形式的"体验式交流"。具体来说，可以将两岸青年交流作为台湾青年赴大陆就业创业的前置工程，以亲身体验形塑其对大陆的客观认知。基于对台湾青年交流意愿的尊重，应将政府主导与民间自主充分结合起来，放手高校和民间组织建立符合青年特点的体验式交流平台，打破两岸青年交流局限于"精英"交流的局面，设计开展多元化、多层次青年互动交流，吸引台湾青年以休闲式旅游、交换生、学校组织交流等方式赴大陆体验，增进彼此了解的同时，增强台湾青年的参与感，塑造两岸青年共同的国家观、民族观、价值观。

6. 促进台商协会与台湾青年的有效对接，充分发挥台商对台湾青年大陆认知的正面影响作用

调查结果显示，台资企业对台湾青年而言有着无可替代的亲切感，台商更是台湾青年获知大陆信息的主要人际渠道，其经营绩效则是台湾青年判断大陆对台政策和市场成长性的主要指标。在岛内局势发生变化、民进党"全面执政"条件下，台商作为两岸关系发展"稳定器"和"风向标"的作用将更加凸显。基于此，大陆政府应鼓励、支持台资企业努力成为吸引台湾青年来大陆就业创业的主力军，借助台资企业，为其搭建了解大陆、认识大陆的桥梁，为其提供就业机会与创业孵化基地，从而将"台商"和"台湾青

年"作为"做台湾人民工作"的重要群体对象并就两个群体的结合进行切实的制度安排，使之发挥关联效应。一是继续实行对台商大陆经营的优惠政策，支持台资企业有序转型，永续经营；二是在台湾青年对大陆本土企业尚不了解乃至缺乏信任的条件下，采取措施鼓励台资企业大量吸引台湾青年实习、实践、就业，通过服务外包形式为台湾青年创业提供机会和空间；三是促进台湾青年与大陆各区域台商协会有效对接，鼓励台资企业通过台商协会网站动态发布适合台湾青年就业创业的领域和企业信息，为台湾青年在大陆就业创业提供前期引导和服务。

7. 促进传统媒体与新兴媒体结合，完善大陆媒体对台传播方式

基于大陆媒体入岛难的现实和新兴媒体管制界限模糊的特征，促进传统媒体和新兴媒体的结合，完善对台传播方式。一是促进传统媒介中的对台广播与互联网新媒体相融合，鼓励开发对台广播 App 软件。台湾青年利用互联网同步收听的同时也可利用留言板、BBS 等方式与大陆民众在线交流对大陆的认知，并以留言方式提出对大陆关注的领域、内容，以便大陆民众和相关机构回复。二是结合微信等社交软件在台湾青年群体中逐渐普及的趋势，促进传统媒体与微信尽快结合。传统媒体利用微信潜在的传播力量，在微信上开通官方账号，在台湾地区进行推广，与台湾青年进行沟通交流。同时，在微信上设置关乎台湾青年切身利益的内容链接，方便台湾青年在更广泛的渠道搜寻和接收大陆信息。三是甄选质量与内容符合条件的报纸、杂志，推动报纸、杂志充分利用微信上的官方账号发布信息，为台湾青年了解大陆提供更广泛的信息渠道。

8. 针对青年自媒体偏好，搭建两岸青年新媒体社交平台

搭建两岸青年共同认可、使用的自媒体社交平台，不仅可为两岸青年交流提供平台便利，更是对两岸青年心理思维的尊重和行为方式的认可。因

此，应在积极推广微信、QQ等网络社交平台在两岸之间使用的同时，根据两岸同属中华文化的特点，创建具有两岸特色的社交平台，充分利用社交平台在青年中的强大传播功能，拓展相应平台海外版，可在大陆各海关关口设置微信"扫一扫"功能，提醒来大陆从事各种交流活动的台湾青年加入和使用，了解更多大陆信息。在相应平台页面设置针对台湾青年感兴趣的大陆信息及大陆政府相关惠台政策。针对大陆青年，可推荐台湾青年开通微信平台。借助自媒体交流，逐渐改变台湾青年对大陆认知偏于负面的状态。

9. 推动实习—就业—创业的阶梯式发展

实习实践作为台湾青年来大陆就业创业的启动环节，值得高度重视。但从现实情况看，他们的实习实践活动遭遇主客观的多重困难。建议从以下两方面予以改进调整。一是鼓励企事业单位增加这一群体的实习名额。多方面的资料显示，台湾青年的实习需求呈现井喷式的发展，如中国银行在2015年的实习名额与报名人数的比例是1∶2，而2016年该企业提供了80名实习名额却有1000名台湾青年报名参加。二是制定相对透明稳定的实习资格条件和待遇标准。据台湾青年反映，部分大陆企业的实习待遇相当优厚，包吃包住包机票还有工资，而有的企业连台湾实习生的住宿条件都不能满足。这种实习待遇上的差距过大很容易导致台湾年轻人的质疑和负面观感。

10. 整合面向台湾青年就业创业活动的平台建设

从调查中得知，当前岛内青年主要依靠网络和人际关系两个渠道来获取大陆信息，传统意义上的企业招聘会受制于两岸现实，对他们而言，沟通价值可以忽略不计。所以，当前需要从两个方面着手开展相关平台建设。一方面是在社交平台、商业网站和自媒体等网络上寻求更大的信息渠道。尽管当前大陆也积极发展"台湾青年创业就业服务中心"（温州市主办）、"517找工作"（厦门市主办）等网络平台，但调查发现，台湾年轻人更相信和习惯由两岸联建的网站充当这一信息桥梁角色。建议今后要推动大陆与岛内的

104人力银行网站（https：//www.104china.com）开展合作，在该网站主要面向经理人才之余，增加对一般岗位的大陆相关信息发布。另一方面，针对岛内青年看重企业氛围，强调归属感的心理特征，鼓励更多类似"创业公社台湾青年创业驿站"（北京）运营商的出现，通过招募台湾人充当创业咨询或创业导师，进而带动更多岛内青年群体前往大陆就业创业。

11. 开展面向台湾青年人的劳动人事制度改革

当前的两岸劳动人才市场上存在着所谓的"玻璃门"现象，即台湾青年人在大陆受用人制度所限，进而在高昂的制度成本和机会成本下就业创业活动日益艰难以及走向失败。比如身份证管理制度使得台湾青年在大陆投放电子简历时，台胞证被认定为无效证件而被邮件退回；人事档案制度要求也让台湾年轻人的就业申请频频碰壁；在录用资格和招考制度上，除了福建等个别省份，大多数省市的事业单位不对台湾青年开放。此外，还有一部分是由于台湾方面的规定所导致的制度问题，如两岸健保制度的不对接以及禁止包括行政公务岗位等。在当前的两岸关系现状下，以上问题都需要大陆更为积极主动地予以解决，才能为台湾青年来大陆的就业创业活动化解后顾之忧。

结 语

本项研究是广西师范大学桂台研究中心的阶段性成果。开启这一科研工作的学术动力源自项目组对于两岸命运共同体构建过程中的政经关系演化内容的探求欲望，现实考量则是与近来大陆密集出台的一系列惠台青年政策的落实、执行及评估有关。毕竟，将"好事办好"，让对岸年轻世代对大陆"有感而发"既是党和政府的政策期盼，也是两岸关系学界知识分子的社会担当。就此而言，我们将不会停止这一学术努力的脚步，类似主题的调研活动将会继续开展下去并争取推动后期的研究成果相继产生。

在已经开展的两次调查活动中，我们得到了来自两岸各界的多方面支持和帮助。在这里，要衷心感谢广西人文社会科学发展研究中心林春逸主任、徐毅副主任对这一研究的立项批准和经费支持，对接受我们委托参与发放和回收问卷的台湾高校同仁钟从定教授、李建兴教授、简明哲教授、马祥佑教授等和参与调研事务的台湾多名尚不知姓名的研究生更是心怀感恩。桂林理工大学周娜老师、桂林电子科技大学李露老师、广西师范大学经济管理学院硕士研究生李宁、郝健、曹志伟、马丁、周丹丹、刘方舟、贾明恺、王辉辉等自始至终参与问卷设计讨论、资料查询、数据统计、阶段性成果撰写等工作，为研究的开展提供了基本保障，也付出了辛勤汗水，对此我们同样表示感谢。

台海互动从来就不是一片坦途，台湾青年在这一过程中是成为构建"两岸命运共同体"的催化剂还是在所谓"天然独"偏执下做国家统一的绊脚石，如此重大的社会选择不仅仅考验着岛内年轻世代的群体理性，也取决于海峡之间多方博弈下的利弊得失权衡。争取让更多的岛内年轻人来大陆工作、生活是谱写两岸关系新篇章的重要一笔，希望有更多的研究者参与到这项研究的学术探索中来，为减少台湾年轻世代前往祖国大陆的认知障碍，降低惠台青年政策的决策风险和施政成本做出贡献，从而让两岸关系的融合发展步伐迈得再快一点。

刘澈元　张晋山　何红玲

2017 年 5 月 28 日

附录　台湾青年赴大陆就业创业意愿调查问卷(2016)

各位同学，你们好：

随着中国大陆在世界经济地位的提升，两岸经贸联结与发展的加速，中国大陆成为众多年轻朋友生涯发展的选项之一。为了解台湾目前在学青年未来赴大陆交流和创业意愿，作为未来公私企业与各校规划交流参考，广西师范大学与义守大学、云林科技大学、政治大学、逢甲大学、台北大学、金门大学共同执行此一研究计划。本问卷仅作学术研究之用，并将严守学术理论规范，所得数据绝对不做披露或是其他用途。请同学们放心作答。

本问卷除基本数据外，共分为四大部分，共24题，请依据你的实际经验与个人认知，回答下列问题，并在相应选项序号上打"√"。由衷感谢你的合作与配合。

基本资料

性别：A. 男　B. 女

家庭居住所在地区：A. 南部　B. 中部　C. 北部　D. 东部

目前就读系所：_____

目前学习阶段：A. 大学部　B. 硕士研究生　C. 博士研究生

是否去过大陆：A. 去过　B. 没有

第一部分　台生赴大陆交流

1. 你最喜欢的两岸青年交流方式是：（限选两项）

A. 官方组织交流　B. 学校组织交流　C. 交换生　D. 夏（冬）令营　E. 游学　F. 民间社团组织交流　G. 休闲旅游式交流　H. 体验式交流

2. 两岸青年交流中你最期望收获什么：（限选两项）

A. 建立友谊　B. 了解大陆　C. 让对方了解台湾社会　D. 学习对方优点　E. 促进两岸中华文化认同　F. 寻找人生另一半　G. 其他（或无期望）

3. 如果有机会赴大陆开展青年交流，你的态度是：

A. 非常愿意　B. 愿意　C. 一般　D. 不愿意　E. 非常不愿意

4. 以下因素会在多大程度上影响你做出赴大陆开展青年交流的决定：（请在相应方框内打"√"，下同）

影响因素	非常影响	比较影响	一般影响	较不影响	不影响
大陆支持两岸青年交流					
大陆经济发展程度					
大陆人文环境					
大陆就业创业环境					
两岸关系动态					
家人态度					
台湾社会氛围					
家庭经济条件					

第二部分　台生赴大陆就业

5. 你对毕业后赴大陆就业的态度是：

A. 非常愿意　B. 愿意　C. 一般　D. 不愿意　E. 非常不愿意

6. 以下因素会在多大程度上促使你做出赴大陆就业的决定？

影响因素	非常影响	比较影响	一般影响	较不影响	不影响
大陆市场成长性					
台湾薪资水平					
台湾政治经济环境					
大陆台商经营绩效					
家庭支持					
两岸关系动态					
大陆薪资和待遇					
在大陆的人脉关系					

7. 如果你不愿意赴大陆就业，以下因素在多大程度上促使你做出该决定？

影响因素	非常影响	比较影响	一般影响	较不影响	不影响
大陆市场竞争激烈					
陆生竞争力强					
对大陆缺乏了解					
家庭因素					
两岸交流机制顺畅度					
大陆同龄人的包容性					
大陆交通与生态问题					
教育背景差异					
两岸意识形态差异					
大陆职场潜规则					
大陆住房价格、消费水平					
人身与财产安全					

8. 如果去大陆就业，你希望选择的城市类型是：

A. 东部沿海发达城市　B. 东部沿海其他城市　C. 中西部发达城市

D. 中西部其他城市　F. 无地域要求

9. 以你目前的学历，你期望在大陆一线城市（北、上、广、深、苏、杭）就业的年收入应在哪个区间（新台币）：

A. 40万~48万元 B. 48万~60万元 C. 60万~100万元 D. 100万~200万元 E. 200万元以上

10. 如果去大陆就业（创业），你期望选择的行业是：

A. 教育医疗等事业单位 B. 制造业 C. 电子信息业 D. 地产金融业 E. 文化旅游业 F. 国际贸易 G. 包括律师、会计师、审计师等在内的新兴服务业 H. 餐饮服务 I. 自主创业，具体行业根据市场决定 J. 其他

11. 如果到大陆就业，你期望选择的企业或者就业单位类型是：

A. 行政事业单位 B. 国有企业 C. 台资企业 D. 其他外商投资企业 E. 中外合资企业 F. 大陆民营企业

12. 若你在大陆就业，你希望所在单位提供的支持是：（限选两项）

A. 良好的企业文化，为台籍员工创造归属感 B. 提供实现自我价值的岗位和平台 C. 平等的升职机会 D. 有利于发展的培训机会 E. 住房安置 F. 较高的薪资成长幅度和频率

13. 你了解大陆就业（创业）信息的通常渠道是：（限选3项）

A. 台湾网站 B. 大陆网站 C. 自媒体或者社交平台 D. 同学、老师、亲友介绍 E. 招聘会 F. 电视、广播、报纸等传统媒介 G. 其他（如商业性中介等）

14. 两岸关系变化对你个人发展的影响：

A. 没有影响 B. 影响不大 C. 影响两岸青年交流从而减少发展机会 D. 限缩台湾经贸规模从而制约个人发展空间 E. 影响家庭收益，间接影响个人发展条件 F. 促使个人赴大陆发展 G. 促使个人赴国外发展

第三部分 台生赴大陆创业

15. 你对毕业后赴大陆创业的态度是：

A. 非常愿意 B. 愿意 C. 一般 D. 不愿意 E. 非常不愿意

16. 以下因素会在多大程度上促使你做出赴大陆创业的决定：

影响因素	非常影响	比较影响	一般影响	较不影响	不影响
大陆市场成长性					
台湾市场空间					
台湾创业压力					
台湾政治环境					
大陆台商经营绩效					
家庭态度					
两岸关系动态					
大陆支持台湾青年创业					
大陆国际影响力提升					
大陆"一带一路"倡议前景					
大陆产业链完整					

17. 如果你不愿意赴大陆创业，以下因素在多大程度上促使你做出该决定？

影响因素	非常影响	比较影响	一般影响	较不影响	不影响
大陆市场竞争激烈					
陆生竞争力强					
对大陆缺乏了解					
家庭因素					
两岸交流机制顺畅度					
大陆同龄人的包容性					
大陆交通与生态问题					
教育背景差异					
两岸意识形态差异					
大陆创业风险大					
大陆经济增长趋缓					
人身与财产安全					

18. 如果你愿意赴大陆创业，你希望选择的创业方式是：

A. 自主创业　B. 与大陆青年合作创业　C. 借助先期投资的台商支持创

业　　D. 与台湾青年组建创业团队　　E. 与外资企业技术人员合作创业

19. 你认为大陆各级政府在支持台湾青年创业方面最应该做的是：（可复选）

A. 制定合理产业政策，选择产业基础较好区域作为台湾青年创业试点

B. 支持台资企业永续发展，尽快建立台湾青年与当地台商协会的对接渠道

C. 为台湾青年提供较好的住房、养老和医疗保障，创造公平公正的社会环境

D. 消除资格认证壁垒，开辟绿色通道

E. 设立针对台湾青年创业的孵化器

F. 设立台湾青年创业扶持基金，提供创业贷款

G. 为台湾青年提供实习实践机会，适应大陆创业环境

20. 如果两岸协商为台湾青年大陆就业创业建设一个专门平台，你希望：

A. 大陆建设　　B. 台湾建设　　C. 两岸联建　　D. 第三方举办

21. 2016年11月1日，国共两党领导人举行"洪习会"，倡议共同促进台湾青年赴大陆创业就业，你的看法是：

A. 有胜于无　　B. 政党主张而非当局政策　　C. 当前的两岸关系不利于该倡议政策化　　D. 端视岛内执政党的态度　　E. 国民党作用有限，关键看大陆如何推动

第四部分　台生在大陆生活

22. 你对在大陆定居的态度是：

A. 非常愿意　　B. 愿意　　C. 一般　　D. 不愿意　　E. 非常不愿意

23. 如果你愿意定居大陆，以下因素在多大程度上促使你做出该项决定：（请在相应方框内打"√"）

影响因素	非常影响	比较影响	一般影响	较不影响	不影响
大陆生活环境改善					
大陆就业创业机会多					

续表

影响因素	非常影响	比较影响	一般影响	较不影响	不影响
大陆城市交通改善					
大陆社会保障制度改善					
大陆综合实力提升					

24. 如果你不愿意定居大陆，以下因素在多大程度上促使你做出该决定：（请在相应方框内打"√"）

影响因素	非常影响	比较影响	一般影响	较不影响	不影响
饮食、气候、环境					
生活理念					
经济压力					
城市交通					
思念亲人					
子女教育					
两岸关系预期					

图书在版编目(CIP)数据

台湾青年赴大陆就业创业的意愿及促进策略:基于对台湾8所大学1627名大学生的问卷调查/刘澈元,张晋山,何红玲著. --北京:社会科学文献出版社,2017.9
（广西师范大学海上丝绸之路研究丛书. 智库成果系列）
ISBN 978-7-5201-1415-8

Ⅰ.①台… Ⅱ.①刘… ②张… ③何… Ⅲ.①青年-创业-问卷调查-台湾 ②青年-职业选择-问卷调查-台湾 Ⅳ.①D669.2

中国版本图书馆CIP数据核字(2017)第229360号

广西师范大学海上丝绸之路研究丛书·智库成果系列
台湾青年赴大陆就业创业的意愿及促进策略
——基于对台湾8所大学1627名大学生的问卷调查

著　　者 / 刘澈元　张晋山　何红玲

出 版 人 / 谢寿光
项目统筹 / 周　丽　高　雁
责任编辑 / 王玉山

出　　版 / 社会科学文献出版社·经济与管理分社(010)59367226
　　　　　　地址：北京市北三环中路甲29号院华龙大厦　邮编：100029
　　　　　　网址：www.ssap.com.cn

发　　行 / 市场营销中心 (010) 59367081　59367018
印　　装 / 北京季蜂印刷有限公司

规　　格 / 开　本：787mm×1092mm　1/16
　　　　　　印　张：5.5　字　数：81千字
版　　次 / 2017年9月第1版　2017年9月第1次印刷
书　　号 / ISBN 978-7-5201-1415-8
定　　价 / 59.00元

本书如有印装质量问题，请与读者服务中心 (010-59367028) 联系

▲ 版权所有 翻印必究